十项全能训练丛书

21天绩效倍增法

导购营业员
十项全能训练

著名营销教练
实战培训专家　肖建中　著

凝聚10年销售服务实战精华
{打造百分百成交的超级导购}

北京大学出版社
PEKING UNIVERSITY PRESS

图书在版编目(CIP)数据

导购营业员十项全能训练／肖建中著．—北京：北京大学出版社，2005.9
(十项全能训练丛书)
ISBN 978-7-301-09511-2

Ⅰ．导… Ⅱ．肖… Ⅲ．商业服务—基本知识 Ⅳ．F718

中国版本图书馆 CIP 数据核字(2005)第 092630 号

书　　　　名：	导购营业员十项全能训练
著作责任者：	肖建中 著
责 任 编 辑：	张慧卉
标 准 书 号：	ISBN 978-7-301-09511-2/F·1179
出 版 发 行：	北京大学出版社
地　　　　址：	北京市海淀区成府路 205 号　100871
网　　　　址：	http://www.pup.cn　电子信箱：em@pup.pku.edu.cn
电　　　　话：	邮购部 62752015　发行部 62750672　编辑部 62752926　出版部 62754962
印　刷　者：	北京中科印刷有限公司
经　销　者：	新华书店
	787 毫米×1092 毫米　16 开本　17.75 印张　270 千字
	2005 年 9 月第 1 版　2010 年 4 月第 4 次印刷
定　　　价：	36.00 元

未经许可，不得以任何方式复制或抄袭本书之部分或全部内容。
版权所有，翻版必究
举报电话：010-62752024　电子信箱：fd@pup.pku.edu.cn

"导购实务＋工作流程＋操作细节＋实际案例"是本书的核心特点，"简洁的语言+活泼的版式"，带给你寓学于乐的体验。

本书由终端实战经验丰富的专家撰写，归纳提炼出导购营业员基本功、必备技能与卓越提升三大内容，包括卖场陈列、商品推介、异议处理及交易促成等十项技能，既是导购营业员自学提升的实用宝典，也是企业及主管对其进行培训辅导不可多得的培训指南。

内容提要

如何成为超级导购营业员

如果把商场比做战场,那么货品便是子弹,导购营业员便是一线的战士。能否在商战中取胜,除了商品要独具特色外,更重要的是导购营业员在一线的服务水平。尤其是在品牌过剩、产品严重同质化的今天,一线导购营业服务水平的高低,直接决定了企业销售的成败。

遗憾的是,尽管一线导购营业员的作用至关重要,但往往没有得到应有的关注:企业没有将对导购营业员的培训提到战略高度,导购营业员自身也对销售产品这个工作缺乏热情与投入。单纯靠一句没有温度的"您好,欢迎光临"来应付顾客,销售业绩理想才怪!

俗话说得好:"吃得咸鱼抵得渴。"世上没有免费的午餐,做任何一份工作,都要承受工作带来的压力。导购工作更是如此:工作时间长、底薪低、辛苦无保障等——职业性质决定了不可改变的游戏规则。然而,导购工作虽然辛苦,但也是世界上最有前途的职业。一位销售大师曾说过:"只要你拥有成功销售的能力,你就拥有白手起家成为亿万富翁的可能。"

那么,要成为一名超级导购营业员,应当如何训练自我,同时提升哪些技能呢?

笔者在多年销售实践体验的基础上,参考大量现代商业销售和服务资料,编写了本书,以一名初入行者如何成长为超级导购营业员为主线,由浅入深、循序渐进地进行了阐述。

第一章的角色认知与心态修炼以及第二章的礼仪修养,为刚刚进入导购行列的你指点迷津、认识自我并教会你怎样以完美的第一形象和颇具魅力的语言艺术站在"上帝"面前。

第三章卖场陈列，对店内陈设与橱窗设计以及卖场氛围的营造提供了具有很强操作性的思路与方法技巧，帮助你创造一个吸引顾客眼球的绝妙舞台。

第四章至第七章从洞悉顾客心理开始，到商品推介、异议处理以及交易促成，你开始与顾客打交道，进入销售的实战领域，结合生动鲜活的事例，让你领会销售的要义。

第八章的商品管理、第九章的业绩提升以及第十章的异常应对，是本书的第三大部分。通过这一阶段的学习，导购不但可以提高自己的销售业绩，更能让自己由一个优秀的导购很快成长为导购中的佼佼者，成为店铺业务的高手。

你或许认为导购工作微不足道，又辛苦又难做，但你是否知道像李嘉诚、比尔·盖茨这样的首富，他们传奇的一生都是从销售开始的！

所谓行行出状元，只要在日复一日的导购工作中不断学习，不断磨炼、提升，你就一定能成为超级导购，成就辉煌人生！

肖建中

2005年8月

目录

第一部分　导购营业员基本功 /1

第一章　角色认知与心态修炼 /3

- 导购入门：角色认知 /5
  - 导购，你的未来是什么 /5
  - 导购舞台的四大角色 /7
  - 导购应具备的五大职业理念 /8
- 作为导购，我该干什么 /9
  - 销售产品是第一要务 /9
  - 服务顾客义不容辞 /10
  - 商品陈列与卖场维护 /10
  - 销售的同时宣传品牌 /11
  - 收集和反馈终端信息 /12
- 优秀导购的能力素质要求 /12
  - 合理的知识构成 /13
  - 纯熟的导购技巧 /14
  - 卓越的职业能力 /14
- 导购必备的五种心态 /18
  - 自信：跨越平凡的超级秘诀 /18
  - 主动：把握自己命运的金钥匙 /19
  - 学习：走向成功人生的阶梯 /20
  - 包容：梳理人际障碍的润滑剂 /20

双赢：为老板工作，更为自己工作 /21
- 学会自我激励 /22
  克服职业自卑感 /22
  自我放松与解压 /23
  自我激励训练 /25

第二章 礼仪修养，细微处见真彰 /29
- 仪容仪表：给顾客美好的第一印象 /31
  发型发式宜整洁忌夸张 /31
  面部修饰须洁净自然 /32
  统一着装有规范 /33
  饰物选择的三大要求 /34
- 活用肢体语言：无声胜有声 /35
  眼神是表达友爱的窗口 /36
  微笑是靠近顾客的桥梁 /38
  手势是表达心意的符号 /42
  站姿：男女有别 /43
  "走"出优雅和风度 /46
  "坐"也有讲究 /48
- 文明用语五知道 /49
  招呼询问要灵活 /50
  赞美须恰如其分 /51
  答谢道歉：态度真诚是重点 /51
  收银打包不容有失 /52
  禁忌用语12句 /53

第三章 卖场陈列——制造吸引顾客眼球的剧场 /55

- 商品陈列五大黄金原则 /57
  - 整洁有序 /57
  - 丰满充足 /58
  - 美观悦目 /59
  - 方便购买 /60
  - 依主题进行陈列 /60
- 三大陈列类型 /62
  - 展示式陈列 /62
  - 推销式陈列 /64
  - 橱窗式陈列 /65
- 商品陈列的八大绝招 /69
- 卖场氛围营造的四大元素 /73
  - 灯光的选择与运用 /74
  - 巧用音乐促进销售 /77
  - 如何让顾客的眼睛放"光彩" /78
  - 利用POP为销售加分 /80

第二部分 导购营业员必备技能 /85

第四章 洞悉顾客心理——找到打开顾客心扉的钥匙 /87

- 把握顾客的消费心理 /89
  - 顾客需求的五个层次 /89
  - 顾客的两大购买动机 /91
  - 顾客购物心理的八个阶段 /94
  - 顾客消费需求新趋势 /98
- 不同个性顾客的消费差异 /99
  - 忠厚老实型顾客 /99

冷静思考型顾客　　　　　　　　　　　　　　　　　　/99
　　内向含蓄型顾客　　　　　　　　　　　　　　　　　　/100
　　圆滑难缠型顾客　　　　　　　　　　　　　　　　　　/101
　　吹毛求疵型顾客　　　　　　　　　　　　　　　　　　/102
　　生性多疑型顾客　　　　　　　　　　　　　　　　　　/102
● 不同性别顾客的消费差异　　　　　　　　　　　　　　/103
　　女性顾客　　　　　　　　　　　　　　　　　　　　　/103
　　男性顾客　　　　　　　　　　　　　　　　　　　　　/105
● 不同年龄段顾客的消费差异　　　　　　　　　　　　　/107
　　青年顾客　　　　　　　　　　　　　　　　　　　　　/107
　　中年顾客　　　　　　　　　　　　　　　　　　　　　/109
　　老年顾客　　　　　　　　　　　　　　　　　　　　　/111

第五章 商品推介——望闻问切"号"准顾客需求　　　/115

● 热恋商品，为展示说明作准备　　　　　　　　　　　　/116
　　把握商品的整体观念　　　　　　　　　　　　　　　　/117
　　判断商品所处的生命周期　　　　　　　　　　　　　　/118
　　掌握商品的基本知识　　　　　　　　　　　　　　　　/119
● 卖点提炼，帮你吸引顾客的心　　　　　　　　　　　　/121
　　独特卖点的提炼流程　　　　　　　　　　　　　　　　/121
　　卖点提炼的四大方法　　　　　　　　　　　　　　　　/122
● 需求挖掘：顾客到底买什么　　　　　　　　　　　　　/125
　　察言观色　　　　　　　　　　　　　　　　　　　　　/126
　　适时接近　　　　　　　　　　　　　　　　　　　　　/129
　　谨慎询问　　　　　　　　　　　　　　　　　　　　　/132
　　用心倾听　　　　　　　　　　　　　　　　　　　　　/135
　　巧妙回答　　　　　　　　　　　　　　　　　　　　　/137

- 展示说明，用顾客喜欢的方式进行 /140
  FABE法：展示说明的四项内容 /140
  展示说明的七大要点 /143
  如何进行现场演示 /144

第六章 异议处理——变"嫌货人"为"买货人" /147
- 顾客异议从何而来 /148
  顾客自身原因 /149
  商品原因 /150
  价格原因 /152
  其他原因 /154
- 真假异议的区分 /155
- 异议处理的六个步骤 /157
  放松情绪，正确对待 /157
  认真倾听，同情理解 /158
  稍作停顿，友善回应 /160
  选择时机，审慎回答 /160
  避开枝节，机智应对 /162
  避免争论，留下后路 /163
- 异议处理的八种方法 /165
  让步处理法 /165
  转化意见法 /165
  以优补劣法 /166
  意见合并法 /167
  直接否定法 /167
  优势对比法 /168
  比喻处理法 /168

讨教顾客法 /169
● 如何预防顾客异议 /170

第七章 交易促成——为销售划上完美句号 /173
● 激发顾客购买欲望的四种方式 /175
　　营造热销氛围 /175
　　用"如同"取代"少买" /177
　　运用第三者的影响力 /179
　　运用人性的弱点 /180
● 识别顾客购买的三大信号 /183
　　语言购买信号 /183
　　行为购买信号 /185
　　表情购买信号 /186
● 促进成交的六个技巧 /187
　　二选其一 /187
　　帮助挑选 /188
　　利弊分析 /188
　　用赞美鼓励成交 /189
　　利用"怕买不到"的心理 /190
　　试买一次就好 /191
● 建议成交的八种方法 /192
　　请求成交法 /192
　　异议成交法 /193
　　提示选择法 /194
　　从众成交法 /195
　　优惠让步法 /196
　　保证成交法 /197

激将成交法 /198

  小狗成交法 /198

- 交易完成后的注意事项 /199

第三部分　导购营业员卓越提升 /201

第八章　商品管理——货如轮转的秘诀 /203

- 进货管理有窍门 /205

  进货三原则 /205

  如何把握进货时机 /207

  选择最佳进货渠道 /208

  进货作业三部曲 /210

- 存货控制要安全 /212

  良性存货与恶性存货 /213

  存货控制的有效策略 /213

- 盘点作业 /215

  商品盘点五原则 /215

  盘点前的准备工作 /216

  初点、复点、抽查 /216

  盘点收尾工作 /218

- 损耗控制 /219

  商品损耗原因分析 /220

  商品防损控制方法 /220

  残损商品处理 /221

第九章　业绩提升——从优秀到卓越 /223

- 附加推销，利润倍增 /225

  附加推销的绝妙方法 /225

附加推销应注意事项　　　　　　　　　　　　　　　　/227
● 特色服务，给顾客一份惊喜　　　　　　　　　　　　　/227
　　"男人的眼光"更有价值　　　　　　　　　　　　　　/228
　　厨房就在大卖场　　　　　　　　　　　　　　　　　　/229
　　"老公寄存处"的启示　　　　　　　　　　　　　　　/230
● 五彩缤纷的创意促销　　　　　　　　　　　　　　　　/231
　　讲缺点也是促销　　　　　　　　　　　　　　　　　　/231
　　让香味为你促销　　　　　　　　　　　　　　　　　　/232
　　赏心悦目的色彩促销　　　　　　　　　　　　　　　　/234
　　羞涩促销　　　　　　　　　　　　　　　　　　　　　/235
● 顾客资源的拓展与维护　　　　　　　　　　　　　　　/235
　　顾客开发的"绿色通道"　　　　　　　　　　　　　　/236
　　如何与顾客保持良性互动　　　　　　　　　　　　　　/238
　　赢得顾客忠诚的方法　　　　　　　　　　　　　　　　/240

第十章 异常应对——化"危"为"机"　　　　　　　/243
● 变投诉者为拥护者　　　　　　　　　　　　　　　　　/244
　　是谁点燃了"上帝"心中的怒火　　　　　　　　　　　/245
　　处理顾客投诉的两大原则　　　　　　　　　　　　　　/247
　　HAKS：投诉处理四部曲　　　　　　　　　　　　　　/248
● 正确面对顾客退换货　　　　　　　　　　　　　　　　/253
　　顾客退换货标准　　　　　　　　　　　　　　　　　　/254
　　退换货流程　　　　　　　　　　　　　　　　　　　　/255
　　退换货处理三注意　　　　　　　　　　　　　　　　　/255
● 积极预防顾客偷窃事件　　　　　　　　　　　　　　　/257
　　店铺失窃知多少　　　　　　　　　　　　　　　　　　/257
　　防范偷窃的安全措施　　　　　　　　　　　　　　　　/258

- 沉着应对意外事故 /260
  - 卖场突然停电怎么办 /260
  - 处乱不惊应对火灾事故 /261
  - 妥善处理人身意外事故 /262

后记 /263

第一部分
导购营业员基本功

第一章

角色认知与心态修炼

导购成功十点

微笑露一点,脑筋活一点,嘴巴甜一点,说话轻一点,理由少一点;

脾气小一点,做事多一点,行动快一点,效率高一点,肚量大一点。

开篇案例

导购小军的成长轨迹

刘小军是北京十大杰出青年之一，目前已经是一个拥有200家著名连锁店的老板。但这么成功的一个老板，却是从一名普通导购的销售服务工作中成长起来的。

想起那几年每天挥汗如雨地搬箱子，擦柜台，向顾客介绍产品的日子，刘小军仍感到无比自豪。虽然导购的工作很苦很累，但刘小军却从不抱怨，他相信只要不断学习、不断努力，就一定会有出人头地的一天。

刘小军非常谦虚好学，经常与同事交流销售的技巧和服务的心得，还把自己在工作中遇到的问题、解决的方法，以及一些关于店铺发展的建议，写成一份又一份"建议书"，及时提交给上级领导，而这些建议大部分都被公司采纳。

先做一名出色的导购，然后晋升到公司的管理层，最后达成自己创业的梦想，这是刘小军给自己规划的成长蓝图。事实上，他也是朝着这些目标不断前进的。

"你可以怀疑我的智力，但不能怀疑我的毅力。"工作后的二十多年时间里，刘小军一直坚持自学、进修，不仅获得了市场营销学的学士学位，还拥有经济管理学专业背景，现在仍在不断充实经营管理方面的专业知识。

人在智力上是有差别的，但是差别很小，智力超常者和智力低下者都占极少数，不到3%。天才和伟人之所以与众不同，其决定因素不是智商，不是技能也不是身体条件，而是人的心态。

一位哲人曾说："你的心态就是你真正的主人。"一个人生活在社会中，总要扮演一个或多个社会角色，每个人的角色不同，那么他或她就会有自己的特殊的心态，也就必然会怀着这种心态对待工作和生活。为什么有些人会成功，有些人会失败？其实差别就在于心态不同。

正因为刘小军拥有积极的心态，善于规划自己的人生，并在实际工作中不断提升自我，所以才使得人生瑰丽多彩。同样是从导购开始，难道你不想成为第二个刘小军吗？如果你也希望拥有美好的未来，那么我们可以一起来认识导购这个职业，协助你规划自己的人生发展蓝图。

导购入门：角色认知

导购是现代商业零售的终端销售者，商场的企业文化、价值理念、经营管理思想最终要通过导购体现出来。因此，导购对自己所担任角色的认知，直接影响着导购的工作态度和主观能动性，体现着导购个人的职业素质和修养。

◇ 导购，你的未来是什么

问卷调查显示，在导购中，40.7%的人钟情于自己开店或者办公司，21%的人期望能够成为公司白领，12.1%的人坚守类似导购的工作岗位，这是导购事业发展的三条主要道路。

1．专业化的立业之路

积累丰富的专业知识和拥有稳定的顾客群，是一个导购的立业之本，这也决定了一个导购的职业生命。更加专业、更加亲切的服务，是12.1%导购坚守职业的资本，专业化是必由之路。

案例

很多化妆品专柜的导购由美容师来担任，面对顾客时导购更像一个专业的美容顾问。据一位戴女士介绍，她不太懂得化妆，在百货商场欧莱雅专柜购买护肤品时，导购不仅给她一些合理的建议，而且还专门为她化妆，让戴女士感觉十分舒服。

2．成为公司的管理阶层

导购靠出色的业绩和管理能力成为公司白领，由此进入管理层的机会很多。在一些连锁的专卖店，每个导购刚刚进入公司，就被告知一条非常清晰的职业发展道路，而每隔一段时间，导购就会有一次晋升考核的机会。在这里，每个员工都可以很快、很清晰地看到自己发展的每一步。

案例

长沙班尼路服装专卖店的店长小周，三年前还是一名刚毕业的普通导购，而通过三年时间的不懈努力，一步步做到小店的领班直至大店的主管，目前已经是经营班尼路的4个品牌、2000多平方米的时尚基地的优秀店长。

3．攒足实力谋创业

导购人员在工作中积累了大量的销售、经营和管理经验，熟悉产品的流通渠道，并且有自己的人际关系，这些都为其内部创业开办公司的加盟店、与老板合伙开店或者多年以后自己开店创业奠定了基础。

案例

店长小彭，一直以来就是一位优秀的店长，而且有多年的工作经验。她曾经在某知名品牌做过店长，该品牌新分店开张初期，人事部将小彭派到新店里担任店长，事实证明，她完全能够胜任工作。

她表示，等积累几年经验后，会考虑加盟公司连锁店，开一家真正属于自己的品牌店铺，做自己的老板。

⇨ 导购舞台的四大角色

在现代服务理念中,导购的角色已从商业化的推销员、售货员扩展到公益色彩更强的服务员,服务功能逐渐强于销售功能。顾客也不只限于看到有形的商品,还要享受到无形的服务,而导购在这个过程中扮演着非常重要的角色:

1. 商店(企业)的形象代表

导购面对面地直接与顾客沟通;他们的一举一动、一言一行除了代表个人的自身修养、素质外,在顾客的眼中就代表着商场的服务风格与精神面貌。因此,导购们必须认识到自己是商场的代表,要时时刻刻注意自己的言行举止,确保服务品质,使顾客在"信赖"的基础上乐于再次光顾。

2. 信息的传播沟通者

导购对商场的各种促销信息、活动内容、活动期限应了如指掌,在向顾客介绍商品、进行销售的过程当中,应做出详细介绍,如果顾客询问到有关事项时,都能给予详细的解答,以便给顾客更多的购买理由。

3. 顾客的生活顾问

只有事先充分了解自己所销售的商品的特性、使用方法、用途、功能、价值及每一件商品将会给顾客带来的益处,才能够适时地为顾客提供最好的建议与帮助。

因此,一位优秀的导购,不仅要在服务、业绩上有最好的表现,同时还应该是顾客的生活顾问,应站在顾客的立场上给予他们最多的商品咨询和建议。

4. 消费者的"服务大使"

在现今激烈的市场竞争中,竞争优势将越来越多地来自于无形服务,一系列微小细节都能征服顾客,压倒竞争对手。所以,每一位导购必须牢牢记住:我是一个为顾客服务的导购,我要做一名"服务大使"。

◇ 导购应具备的五大职业理念

一名成功的导购人员,除了对自己的职业和工作有明确的认识外,还需要具备成为一名成功导购的五大基本理念:态度、责任、诚信、服务和专业。

1. 态度第一

良好的心态和健康的心理是职业化生涯中必备的内在素质。正确的从业态度决定了一个导购人员正确的人生定位,展现其健康的精神面貌。对于导购人员来说,踏实、勤恳、谦虚、亲切等心理姿态都是必须具备的。

2. 责任比什么都宝贵

任何一个公司花钱雇人,赋予员工的不仅是一份工作,更是一种责任,"责任比能力更宝贵"。尽善尽美的事情总是要求人们全神贯注,高度负责,关注细节,从小处做起。最优秀的导购必定是最具有责任感的导购。

3. 学会尊重,信守承诺

导购人员在与顾客的交流中,要学会忍耐和尊重,学会倾听。一分耕耘一分收获,无论老少,无论买与不买,无论本地他乡,无论顾客观点的对与错,都应尊重对方,诚实介绍企业和产品,实事求是,不贬低对手,不侥幸欺诈,信守对顾客的承诺。

4．服务至上

服务是导购的立身之本，它贯穿销售全过程，是日趋成熟市场的主要手段。消费不仅仅是产品，更重要的是文化、服务、享受，成交固然很好，不成交同样需要全力服务，我们应容忍失败，吸取教训，不断总结。

记住：麻烦是自己处理不当的结果，困难是学习不够的反射，挫折是自己努力不够的代价。

5．我专业，所以我自信

一名导购人员必须充满自信，乐观向上，要学会念一门"生意经"，逐步体现职业的专业性。只有不断地学习和积累，拥有必需的知识储备，培养对公司、商场、产品的绝对信心，才能自信。

作为导购，我该干什么

在销售现场，导购直接和顾客面对面地沟通与交流，向顾客介绍商品，回答顾客的问题，帮助顾客做出购买决策。把商品卖出去是导购的天然职责，但作为一名好的导购，必须懂得站在顾客和企业双方的角度，来考虑自己的工作职责。

◇ 销售产品是第一要务

作为一名导购，最主要的工作之一就是把产品卖出去，为公司赚取利润，也只有这样，导购才有其存在的价值。

因此，导购要善于利用自己所掌握的各种销售技巧、业务知识和商品知识，通过热情大方、有创造力的服务方式取得顾客的信任，与顾客建立良好的人际关系，提高顾客的消费量和消费频率，使产品销量增加。

> **案例**
>
> 某服装品牌的导购曾小姐认为:"作为一个导购,最主要的一点就是把产品卖出去,为公司赚取利润,这样我们才有存在的价值。
>
> 这一点包括了很多过程和内容,首先导购要充分了解产品及其相关信息,比如料子好在哪里,裤型哪些地方是精心设计的,最近流行什么款式,要懂的东西可多了,这样才不会被问倒。"

◇ 服务顾客义不容辞

若站在顾客的角度,导购的工作职责是为顾客提供服务,并帮助顾客做出最佳的选择。导购在了解顾客需求心理的基础上,使顾客相信购买某种产品能使他获得最大的利益。

那么,导购如何帮助顾客呢?

● 询问顾客对商品的兴趣、爱好,帮助顾客选择最能满足他们需要的产品。

● 向顾客介绍产品的特点,说明买到此种产品后将会给他们带来的益处。

● 回答顾客对产品提出的疑问,说服顾客下决心购买此商品。

● 向顾客推荐别的商品和服务项目,让顾客相信购买此种商品是一种明智的选择。

一个好的导购能向顾客提供很多有用的信息,出许多好的主意,提许多好的建议,能够帮助顾客选择他们中意的产品。

◇ 商品陈列与卖场维护

营业前的准备工作、营业中的辅助性工作以及营业后的清点、整理、补货工作都属于卖场维护的范围。作为终端卖场的一员,导购必须做好卖场维护，为顾客营造一个舒适、温馨的购物环境。这些工作包括：

● 熟悉所辖商品的名称、陈列位置、规格、用途、价格、保质期限、库存位置。

● 做好卖场设计、产品陈列和POP维护工作，保护产品的整洁与标准化陈列。

● 搞好货架与责任区卫生，及时清理纸屑、杂物等，保证卖场整洁、明亮。

● 及时补充已售出的商品，补货时应注意先进先出，避免商品过期未售出。

● 检查货架上的商品，发现变质、破包、过期商品应立即撤下货架，并报告店长、经理或分管人员及时处理；对于临近保质期的商品，根据有关规定及时报告店长、经理或有关分管人员。

◇ 销售的同时宣传品牌

导购不仅要向顾客销售产品，更要宣传产品背后的品牌。因此，导购要在介绍产品的基础上，介绍产品的品牌价值及品牌承诺，让顾客不仅买到产品本身，更是买到一份放心。

为此，导购要做好以下工作：

● 通过在卖场与顾客的交流，向顾客宣传本品牌产品和企业形象，提高品牌知名度。

● 在卖场派发本品牌的各种宣传资料和促销品，扩大品牌的宣传范围。

● 认真做好商品的陈列摆放，利用陈列为品牌作宣传。

 案 例

圣诞期间，雀巢咖啡的导购小王将整个堆码打造成一个宣传装置：前面是一个圣诞老人,在他身后左右各有一只喷绘板剪裁的麋鹿,后面又做了个雪橇的模型。雀巢的礼品装就陈列在雪橇中。

这种展示方式一下就让消费者领会了"雀巢是圣诞好礼"的寓意,把宣传诉求表达得淋漓尽致。

◇ 收集和反馈终端信息

导购是在卖场直接与顾客打交道的产品终端销售者,因此,导购要利用直接在卖场和顾客、产品打交道的有利条件,多方面收集并向公司反馈信息。具体包括:

● 留意顾客对产品的期望和建议,及时妥善地处理顾客异议,并及时向主管汇报。

● 搜集竞争品牌产品的价格和市场活动等信息,及时向主管汇报。

● 记录卖场对公司品牌的要求和建议,及时向主管汇报,建立并保持与卖场良好的客情关系,获得最佳的宣传和促销支持。

● 了解卖场的销售、库存情况和补货要求,及时向主管和经销商反映。

优秀导购的能力素质要求

案例

"导购大姐"的启示

坐落在北京王府井大街的斯特法内高档时装店,几乎清一色地聘用30—40岁左右的中年妇女做"导购大姐"。她们衣着简朴、貌不惊人,与豪华的店堂和高档时装相比形成强烈反差。但该店的生意却十分红火,甚至在其他店卖不动的高档服装,在这里也很畅销。

那么,原因何在呢?

原来该店聘请的都是在服装行业中工作多年的老职工,她们有着丰富的经验，对服装的质地、款式、花色了如指掌，介绍起来如数家珍，能名副其实地为不同顾客"导购"到合适的服装。

她们不仅工作经验丰富，而且大多是精明能干的贤妻良母，有丰富的生活经验，所以善于揣摩顾客的需要。她们热情而实在，能给顾客以亲切和贴近之感，顾客遇到她们保准满意而归。

由此可见，一个理想的导购必须具备三方面的能力素质，这就是合理的知识构成、纯熟的导购技巧和卓越的职业能力。也正是拥有了这三方面的能力，才使"导购大姐"胜过了"导购小姐"。

◇ 合理的知识构成

导购应具有旺盛的求知欲，善于学习并掌握多方面的知识，只有这样，在与各种各样的顾客打交道时，才能游刃有余，更好地为顾客服务。

一般而言，一名优秀的导购应具备下列几方面的知识：

● **顾客知识**：了解顾客的类型、购物心理和行为，从而明确谁是你的真正顾客，其购买动机和购买习惯如何，对交易条件、方式和时间有什么要求……

● **产品知识**：了解所售商品的技术性能、结构、用途、用法、维修及保养等基本知识；不同规格、型号、式样的差别；商品生产企业的规模、经营理念、行业定位、竞争优势……

● **企业知识**：掌握本公司的历史背景、在同行业中的地位、生产和销售能力、产品种类、技术水平、企业发展战略、定价策略、销售政策、服务项目……

● **市场知识**：熟悉行业的最新情报、同类产品的营销手法、当地的风俗习惯、偏好文化、社会阶层、流行趋势，以及顾客的购买力情况、潜在顾客的需求及分布……

◇ 纯熟的导购技巧

要想成为一名成功的导购，必须掌握一系列专业的导购技巧，这些导购技巧可以帮助一个普通的导购脱颖而出。同时，也只有具备了专业技巧和专业销售行为的导购，才能成为一名专业的优秀导购。专业的导购行为包括：

1．热情、友好的服务

服务首先是态度问题。导购要用热情去感染顾客，以引起顾客的共鸣。其次是方法问题。非物质性的服务，如正确的礼仪、亲切而专业的建议、有价值的信息、完善的售后服务、购物的乐趣和满足感等，能给顾客留下更深刻的记忆。

2．熟练的推销技巧

导购在掌握产品知识、顾客心理、推销技巧及相关知识的同时，还要有积极的开拓创新能力，比如发现产品新的买点、找到介绍商品的更好方法，或有更多创意性的促销方式等。

3．细心的卖场维护

导购的卖场维护工作可以说是一种单调、重复的工作，比如检查天花板是否有污垢、灰尘，POP广告是否变色、污损，地板是否有垃圾、纸屑，商品陈列是否符合规定，是否需要补货，等等。卖场是导购的阵地，因此要以最佳形象展现在顾客面前。

◇ 卓越的职业能力

导购特殊的能力结构，是由其本职活动的内容所决定的，卓越的导购必须具备以下五种能力，即观察能力、表达能力、记忆能力、应变能力和自控能力。

1．观察能力

具有良好观察能力的导购，不仅能从顾客的言谈举止、面部表情和视线上准确判断顾客的意图，由此了解到顾客的气质特点和兴趣指向，并采取相应的接待方法，而且能透过事物本身的外部反映，迅速掌握顾客的心理变化，灵活运用各种心理策略，对顾客进行诱导或者满足其心理欲求。

案例

苏珊小姐是美国一流的销售明星，具有非凡的观测力和亲和力，她只需一两句话，或者一个眼神或动作，就能一下子抓住顾客的心理并打动他。

比如，见到顾客面带忧愁，她就会十分关心地问道："哎呀，这位太太好像有什么困难，我能为您做点什么吗？"她能够通过观察快速找到拉近与顾客距离的方法，从而拥有了众多的顾客。

凡来她柜台的顾客很少有空手离去的，她每天的营业额比其他导购高出40%左右。

2．表达能力

真挚流畅的表达，能迅速、完整、生动地向顾客提供信息，引起顾客发自内心的好感，激发顾客的购物行为。它包括：

● **语言表达能力**。导购应掌握好柜台基本用语，并按文字逻辑性合理、规范地表达。如顾客进门，应说："欢迎您光临。"因手头忙，无法接待某些顾客，应说："实在对不起，请稍等片刻。"

导购的语言表达必须流畅，音调高低适度，语调中肯恰当。在交谈中，要把握好分寸，尊重顾客的内心感受，避免让顾客不悦或与顾客发生冲突。

● **表情的传达**。表情对表达起着重要的作用。对导购来说，最重要的表情，莫过于微笑。微笑，能沟通感情，变生疏为亲密，变隔阂为融洽，变不满为顺心，变恼怒为平和，运用得当的微笑，有着"无声胜有声"的魔力效应。

案例

美国一家以肥胖女士为对象的女装店,其服装设计与一般女装店并无不同,但它开业一年以来,资本却由开业之初的5 000美元上升到10万美元。

其成功的原因就在于维护了肥胖女士的自尊心。在该店,人名代替了尺码。这样一来,顾客上门时店员不会有"这件特大号正适合你"的说法了,代之以:"您穿玛格丽特正合适呢!真美!"

3. 记忆能力

准确的记忆是高效服务的后盾,给顾客留下良好的印象;反之,记忆不准、反应有误会让顾客反感,影响顾客的购物情趣。

为此,导购平时要注意锻炼大脑的敏捷性,加强快速记忆的训练,不断扩大记忆的广度及深度,在最短时间内记忆尽可能多的内容,包括商品知识,顾客的姓名、音容笑貌、兴趣爱好、性格特点等。这样必然能使售货工作得心应手。

4. 应变能力

导购每天面对着不同年龄、性别、个性和需求的顾客,身临纷杂多样、时刻变化的服务情境,因此,导购的服务工作绝不可僵化死板。在遵守工作纪律和原则的基础上,导购应根据错综复杂的情况,针对顾客的各种特点,采取创造性的服务措施。

案例

女顾客要求百货商场退回一条毛料裤,她对商场导购说:"我绝没有穿过这条裤子,请一定要退换。"

导购仔细检查了毛料裤,发现许多地方有干洗过的痕迹,要是直截了当地向顾客说出这一点,顾客决不会轻易承认且易产生争执,因为她已表示绝对没穿过。

机敏的导购为避免与顾客发生争执，以平和的口吻说道："我很想知道是否你们家的某位成员把这件衣服错交到干洗店去了。我记得不久前我也发生过一件同样的事情，我把一件刚买的衣服和其他衣服一起堆在沙发上，结果我丈夫没注意，把这件刚买的新衣服和一大堆脏衣服一股脑儿塞进了洗衣机。我怀疑您是否也会遇到这件事情，因为这条裤子的确看得出有被洗过的痕迹。您只要将它与别的裤子(商场卖的新裤)一比就清楚了。"

女顾客进行了比较，感到隐瞒不过，于是借着导购已为她搭好的台阶，心悦诚服地收起裤子，离开了商场。

5. 自控能力

正如汽车需要"车闸"来限制速度一样，导购需要冷静分析各种事物，要有能够忍受委屈痛苦的自控力，以控制自己的情绪。如果烦恼的时候迁怒于顾客，或对顾客大动肝火，与顾客唇枪舌剑，那么即使错误出自顾客，商店的信誉也会因此而受损。

优秀的导购能始终用理智的力量控制住自己的消极情绪，以愉快乐观的精神状态热情周到地为顾客服务。即使顾客无理取闹，使导购自尊心受到伤害，他们也不变得粗野，而是平静耐心地寻求解开疙瘩的方法。

案例

一天上午，郑州市最佳服务员黄秀兰所在的商店进了一批上海大钟，顾客特别多。尽管黄秀兰再三解释保证供应，顾客仍然往前挤。

忽然，一位年轻人火冒三丈地说："卖货的，你瞎眼了，没见站半天了？"这个青年突然的举动，使在场的顾客都吃了一惊。这些顾客觉得这位青年太没礼貌了，导购决不会善罢甘休。

尽管黄秀兰当时被噎得两眼噙着泪花，但她还是克制住自己向青年说道："对不起，让您久等了，待我把前边两位同志的钟包好，就给您拿。"

黄秀兰彬彬有礼的回答，使年轻人不禁惭愧起来："对不起，刚才我是准备和您吵架的,结果您倒向我道歉,这真使我不好意思了。"

黄秀兰以宽容忍耐之心接受顾客的抱怨,既平息了顾客的怨气,赢得了顾客的赞许,又维护了商店的良好形象。

导购必备的五种心态

一位名人曾经说过:播下一种心态,收获一种思想;播下一种思想,收获一种行为;播下一种行为,收获一种习惯;播下一种习惯,收获一种性格;播下一种性格,收获一种命运。

那么,作为一名导购人员,又该具有什么样的职业心态呢?

➡ 自信:跨越平凡的超级秘诀

案例

小泽征尔是世界著名的交响乐指挥家。在一次世界优秀指挥家大赛的决赛中,他按照评委会给的乐谱指挥演奏,敏锐地发现了不和谐的声音。

起初,他以为是乐队演奏出了错误,就让他们停下来重新演奏,但还是不对。他觉得是乐谱有问题。这时,在场的作曲家和评委会的权威人士坚持说乐谱绝对没有问题,是他错了。

面对一大批音乐大师和权威人士,他思考再三,最后斩钉截铁地大声说:"不,一定是乐谱错了!"话音刚落,评委席上的评委们立即站起来,报以热烈的掌声,祝贺他大赛夺魁。

原来,这是评委们精心设计的"圈套",以此来检验指挥家在发现乐谱错误并遭到权威人士"否定"的情况下,能否坚持自己的正确主张。前两位参加决赛的指挥家虽然也发现了错误,但终因随声附和权威们的意见而被淘汰。小泽征尔却因充满自信而摘取了世界指挥家大赛的桂冠。

有位哲人说过：客观世界是普遍联系的，我是否自信和别人的看法有紧密的关系，而别人对我的看法又会影响我的自信，所以我想我应该从自我做起，给别人信心，也给自己信心。只有这样我才能重新自信满满，才可能走向成功。

自信真的很重要。自信是一切行动的原动力。作为一名导购，充满自信能让你在与顾客的交流过程中，具有良好的面貌和强烈的乐观情绪，感染顾客，增加顾客对你的信任和好感，从而完成销售任务。导购强烈的自信主要源于对自己、工作和自己出售的商品的信心。

◇ 主动：把握自己命运的金钥匙

每天清晨，当太阳刚刚升起，露珠还未完全消失，大草原上的动物们，已经开始了一天的奔跑。

最先跑起来的是羚羊。它们成群结队地跑过平缓的山冈，找到水源，在短暂的休息之后又开始新的奔跑。就在它们不远的地方，也许就在附近的草丛里，狼群也在奔跑。它们的奔跑是为了羚羊。

当狼群开始奔跑的时候，狮子也开始了奔跑。它必须赶在狼群之前找到一日的早餐，否则，今天可能又是一个忍饥挨饿的日子。

没有任何外在的力量在导演这一切。它们奔跑完全是来自内心的驱使——要么生存，要么死亡。只有"让自己跑起来"才能生存，也只有跑起来的动物才能获得比同类更好的生存环境，不管是主动攻击的动物还是被攻击的动物。

主动是什么？主动就是"没有人告诉你而你正做着恰当的事情"。在竞争异常激烈的时代，被动就会挨打，主动就可以占据优势地位。但如果什么事情都需要别人来告诉你时，你已经很落后了，这样的职位也挤满了那些主动行动着的人。

⇨ 学习：走向成功人生的阶梯

> **案例**
>
> 　　老许是一名普通的食品导购，但他勤奋好学，成了一位"营养专家"；老许只上过一年半的初中，可他凭借苦学苦练，成了附近人人知晓的"许能人"。老许的脱颖而出，没有什么秘诀，用他的话说就是"要学习"。
>
> 　　老许的同事说，他刚进商店时，别人上班包里只拎个饭盒，他的包里却多一本书；别人周末去逛上海滩，他一门心思地泡在家里捣鼓什么营养配餐。许多人感到导购不会有什么大作为，可老许相信：知识可以改变命运，岗位能够成就事业！
>
> 　　他说过一句令同事感到震撼的话：一个人可以没文凭，但不可以没知识；可以不进大学殿堂，但不可以不学习。

　　"活到老，学到老"是句老话，老许品出了这话的"个中滋味"。他用一种严谨的求学态度鞭策自己，终于让自己成了岗位上出来的"营养专家"。

　　的确，面对一个变革的时代，要学习、学习、再学习。学习的过程是一个不断解放思想、不断继承创新、不断加快发展的过程。只有不断用新的知识武装头脑，我们才能够把握新的发展机遇，才能够不断地接纳新事物和新观念。

　　在竞争激烈的今天，学习不但是一种心态，更应该是一种生活方式。谁会学习，谁就成功，学习成为了自己的竞争力，也成为了同行的竞争力。

⇨ 包容：梳理人际障碍的润滑剂

　　王者之道，在于容人。在这里，包容不仅是一种美德，也是一种涵养。包容不仅产生和谐，而且产生凝聚力。包容的前提，是宽广的胸怀。所谓海纳百川,首先就是有了大海那样的胸怀,才能够百川并蓄。因此,包容的力量是最伟大的,它能摧毁一切不和谐的声音。

作为导购人员,每天说基本相同的话,重复基本相同的劳动,却要面对各种各样的顾客,这个有这样的爱好,那个有那样的需求。但导购是为顾客提供服务、满足顾客需求的,这就要求导购要学会包容,有一颗包容的心,包容他人的不同喜好,包容他人的挑剔。

温馨提示

"包容"根源于爱和理解。只有心中有爱,我们才能以同情的态度对待他人,才会充分尊重他人的立场和见解;只有心中有爱,才能消除彼此的敌视、猜忌、误解,让彼此在这个世界上和谐共存。

◇ 双赢:为老板工作,更为自己工作

案例

有位老建筑工人向老板递了辞呈,准备离开建筑业,回家与妻子儿女享受天伦之乐。老板舍不得他的好员工离开,问他能否帮忙建最后一座房子,老木匠欣然允诺。但是,显而易见,他的心已不在工作上,他用的是废料,出的是粗活。

等到房子竣工的时候,老板亲手把大门的钥匙递给他。他说:"这是你的房子,是我送给你的礼物。"

他震惊得目瞪口呆,羞愧得无地自容。如果他早知道是在给自己建房子,他怎么会这样漫不经心、敷衍了事呢?现在他只好住在一幢粗制滥造的房子里!

即使是导购,也应该像老板一样思考,像老板一样行动,这样你会感觉到销售的事情就是自己的事情。你知道什么是自己应该去做的,什么是自己

不应该做的。

  反之，你就会得过且过，不负责任，认为自己永远是打工者。你不会得到老板的认同，不会得到重用，低级打工仔将是你永远的职业。

学会自我激励

  "自我激励"就是自己激励自己。斯普林格说："强烈的自我激励是成功的先决条件。"对于导购来说，自我激烈的第一步就是：克服职业自卑感，让自己真正站起来！

◇ 克服职业自卑感

  在导购工作中，常见的一种心理障碍是有些导购总认为自己的工作低人一等，是在恳求别人买东西，存在着很强的自卑感。

  职业自卑感的产生既有社会的原因，也有导购自身的原因。那么，如何来克服自己的职业自卑感呢？

● 塑造自己坚强的性格。一个产生职业自卑心理的人，与其性格特征有很大关系，因此，对于已露出自卑苗头的人来说，要注意通过锻炼、自我教育等方法，培养自己坚强的性格。

● 努力寻找自己所从事职业的光辉点，消除自己的认知偏见，认识此种职业在社会生活中具有的不可替代作用，不断提高职业的自豪感和成就感。

● 不断总结和摸索在职业工作的经验、规律，努力做好在职工作，使自己成为本行业的"状元"。同时也可以发挥自己的特长，从事第二职业，从各方面进行"补偿"，充分体现自己在社会生活中的价值。

● 不断提高自信心，在适当的场合、适当的时间，努力表现自己，使自己工作的成绩显现出来，让别人充分看到自己所从事的职业在社会生活中的不可替代作用,从而改变有些人的社会偏见,为自己创造良好的工作环境。

● 要学会保持心理平衡。自卑是失去心理平衡的一种精神状态,要恢复这种失调的心理,就要从比较中认识自己,根据自己各方面的条件,提出心理要求,并经常、及时地对自己的要求进行反思和调整。

虽然导购对待顾客一定要和蔼可亲,善于察言观色,但并不是要卑躬屈膝,在必要的时候要不卑不亢,坚持原则,并维护自己的人格和尊严。

温馨提示

成功导购的必备信念

◆ 过去不等于未来。无论成功失败,过去的都已经过去,今天的一切都将成为历史,这是大多数成功者都坚信的一条信念。

◆ 没有失败,只有暂时停止成功。记住,一直坚持到底的人,最终都会站起来。

◆ 要让事情改变,首先改变自己,要让事情变得更好,先让自己变得更好。

◆ 我要成为成功的导购,假如我不能,我就一定要,假如我一定要,我就一定能成功。

◆ 我一定要,马上行动,决不放弃。

◇ 自我放松与解压

有快乐的导购,才有快乐的顾客。压力是主观感受,要想成为顶尖的导购,只有对造成压力的客观原因进行分析,并及时地缓解压力,消除生活和销售工作中的障碍,才能使自己和顾客都快乐。

1. 压力的来源

- **心理因素**：挫折和冲突最容易带给人们压力。
- **情绪因素**：主要包括不安和恐惧。如：没能完成销售额怎么办？领导会因此给予什么样的惩罚？下岗了怎么办？
- **环境因素**：主要指导购个人日常生活秩序上发生的重大变化。如与同事、上司或下属关系的不协调等，都会产生压力。
- **角色因素**：当一个人角色负荷太重或同时必须扮演多重角色，而且别人期望又过高时，同样会造成压力。另外，当一个人角色模糊而不清楚自己的角色定位时，那份不安与焦虑也可能引起压力。
- **工作压力**：由于导购的人格特质和压力形成方式的不同而表现出的各种症状，都能造成各种职业性精神疾病。

2. 缓解压力的方法

导购应该适时地给自己必要的训练和鼓励，减轻心理压力，让自己能愉快地完成工作。导购可以借鉴以下方法来缓解工作压力：

- **回想曾经历程，摆脱疲惫心态**。面对工作压力时，回想曾经的往事能让导购知道压力终将会成为过去，这有助于摆脱疲惫的心态，轻松面对压力，投身工作。
- **联想胜者历程，积极面对压力**。导购在面对工作压力时，可联想一下成功者的奋斗历程，能触发自己的工作激情，并使自己更深地了解，困难不是成功的绊脚石，而是每个人走向成功的必经之路。
- **设想竞争对手，理性面对压力**。销售工作充满了竞争，胜者往往是克服困难的人，败者最终会被困难吓倒。面对压力，态度是关键，当选择避让困难时，应该想像困难正在帮助对手战胜自己；而当克服困难时，正是压力帮自己打败了对手。导购每一次成功的背后，都是其竞争对手的失败。
- **同事互助互励，团队互相借力**。导购可以把每一天都当做成长的一天，把每一次与顾客打交道的机会都当做获得成长的机会，从成功和失败中学习，以坦然的心态面对销售，并努力获取同事的支持。要懂得向支持、帮助自己的家人借力，他们会助你一步步走向成功。

● **避开某些压力源，寻找快乐生活圈**。避开压力源是摆脱令人不满意的工作、尴尬的人际关系所带来的难以忍受的压迫感的好办法，同时也要学会寻找可以让自己快乐和放松的生活圈子，学会自我解压。

◇ 自我激励训练

莎士比亚说："行动胜过雄辩。"清晰地规划目标是人生走向成功的第一步，但塑造自我却不仅限于规划目标。要真正塑造自我和自己想要的生活，我们必须学会自我激励，让所有的不快和烦恼远离自己的生活。一旦掌握了自我激励的方法，自我塑造的过程也就随即开始。

1．目标激励

要用吸引人的目标对自我进行激励。科学的目标具有以下几个特征：

● 目标具有明确性，以数量、质量，或时间来表明目标；
● 有一定难度，具有挑战性；
● 目标具有系统性，不仅有大目标，而且有旨在完成大目标的一系列小目标。

制定目标的初始阶段，不妨把要求定得稍低一点，以增强取胜的信心，然后努力实现每一个小目标。

2．以自我为榜样进行激励

榜样是学习、生活各方面的典型。只要我们仔细地观察，生活中的榜样就会时常相伴，并注入神奇的力量。

但我们更应该提倡以自我为榜样，即在自己心目中，我在某某方面就是不错，就是大家的榜样。这样更容易提高自信心。

自我心理训练语 我，本来就不简单，有很多特长和优点！
我就是自己的榜样！
继续努力，我会有辉煌的明天！

3．竞争激励

用今天的我与昨天的我去比赛；以进步的地方同未进步的地方相比；以这个月的各种成绩与上个月的各种成绩相比；以现在对职业的认识与过去对职业的认识相比较……用这种方法来引起自己对事业的信心和追求，激励自己努力学习，提高销售业绩，并通过参加各种活动，培养顽强的意志和坚忍的毅力，使自己在竞争中不断发展完善。

自我激励卡			
姓名		追赶对象	
职务		奋斗目标	
爱好		心中偶像	
座右铭			
店长寄语			

4．名言激励

古往今来，凡是在事业上卓有建树的人，都善于用古今中外的名言警句来激励、鞭策自己，而这些名言警句，大都富有哲理、蕴含智慧、发人深省、给人启迪。有时一句良言铭刻在心，终身受益。因此，可以选择最喜欢的名人名言不断激励自己。

名言警句的种类很多，常用的有座右铭、箴言、格言、警句等。可根据自己的实际情况，选择不同的内容来鞭策自己、激励自己，并努力做到言必行，行必果。

> **案例**
>
> 美国总统林肯：我成功过，我失败过，但我从未放弃过。
>
> 美国总统肯尼迪：从希望中得到欢乐，在苦难中保持坚韧。
>
> 美国教育家华盛顿：除了我们自己以外，没有人能贬低我们。如果我们坚强，就没有什么不良影响能够打败我们。
>
> "疯狂英语"李阳：成功的秘诀就是四个简单的字"多一点点"(凡事比别人多一点点！多一点努力，多一点自律，多一点实践，多一点疯狂。多一点点就能创造奇迹)。

第二章

礼仪修养，细微处见真彰

"有理走遍天下"的古训仿佛还历历在目，"无'礼'寸步难行"的现实就早已向我们敲响警钟！随着现代社会的发展，在越来越多的场合，礼仪修养正日益发挥出不可替代的"催化"作用！良好的礼仪修养同时是一种资本，可以转化为一个人内在的性格、情操，将影响我们一生的发展。

眼睛是心灵的窗户，微笑是最好的名片，言行举止是与顾客沟通的桥梁。相对于职业技能的"硬功夫"，礼仪修养可谓是"以柔克刚"的"软工夫"，只有刚柔相济，我们才能真正把导购工作做好！

一块香蕉皮的魅力

1996年9月17日,黑龙江双城百货公司的张经理召集三个洗衣机厂家的营销员洽谈合同意向,谈完出门时,另外两个厂的人走在前面,海尔洗衣机公司的阿维走在后面。阿维一出门就发现地上有一块香蕉皮,觉得很刺眼,又怕它滑倒人,于是就将香蕉皮拾起放进墙角的纸篓里。

当天晚上10点,阿维就接到张经理的电话,说他只加大海尔洗衣机的进货量,让阿维尽快发货。

很久以后,张经理才告诉阿维他为什么做出那个决定:商场自1993年开张以来,先后经销过4个厂家的洗衣机,比较起来与海尔产品的质量、信誉和服务都相差不大,但是营销员的素质却很不一样,比如那天地上的香蕉皮……阿维一下明白了,那块香蕉皮成了张经理决策的重要原因之一。

阿维因为一件不经意的小事,显出了个人修养的细微之处,竟得到意外的收获。一块香蕉皮带来一笔生意,听起来有点不可思议,但大量成功人士的经历表明,成功就是得益于点滴小事,因为做小事最能反映出个人的素质修养来。

比如店铺进门处的一块擦鞋垫歪斜了,有人跨过去,有人却去摆正。去摆正的,就是发现了问题所在。小问题多起来,将来有可能变成大问题。因此,我们必须从小事做起、做好,借以锻炼我们的嗅觉,提高我们发现问题和解决问题的能力,同时也是从细微处锻炼自己的素质和修养。

导购每天要接待无数的顾客,顾客对其服务态度和服务质量的判断和评价,很多情况下是从导购的礼仪修养开始的。可以这样说,导购的礼仪美是无声的宣传、最好的广告和自信的源泉。

仪容仪表：给顾客美好的第一印象

美国推销大王乔·吉拉德说："推销产品前先推销自己。"第一印象的好坏在很大程度上影响着以后人们对你的评价。因此，作为导购，要使自己给上司、顾客和同事留下良好的第一印象，使他们对你好感倍增的话，不仅容貌要修饰得当，举止要端正大方、彬彬有礼，而且要懂得微笑，给人一种舒服、优雅的感觉。

在顾客眼里，一个导购如果不修边幅，将会被看做是一个生活懒散、没有责任心的人，这样的导购很难赢得顾客的信任和尊重。因此，作为导购，具有整洁、温馨的仪容仪表是最基本的要求。导购在工作中的着装修饰、仪容仪表，必须在尊重自己和尊重顾客的基础上，突出自己的职业性、服务性，力求给顾客留下温馨美好的第一印象。

◇ 发型发式宜整洁忌夸张

案例

某顾客到冷冻食品柜台挑选汤圆，可是他发现自己要的香芋味的汤圆已经卖完了，于是走过去问站在柜台旁边的一位男导购，香芋味的汤圆何时才有货。

那个导购搔着头说："这个……我也不太清楚，我帮你问一下。"他的头皮屑簌簌落下。顾客倒吸了一口凉气，心想："天啊，这里卖的汤圆岂不是都有头皮屑？"顾客顿时没了兴致，匆匆离去。

导购，尤其是食品部的导购，第一要求就是卫生、整洁，否则不但有损个人形象，更会影响顾客的购物情绪。试想，见此情景的顾客还会有胆量光顾这个冷冻食品柜台吗？

因此,作为职业要求,无论男女,导购的发型都应从众,头发干净、梳理整洁,发型不得夸张,不能标新立异。具体要求如下:

● **女性**:应选择短发、马尾辫、烫发等较为保守型的发式,刘海不要把脸遮住,不染夸张发色,过肩长发要扎束于脑后,发夹要用单色,以深色为最佳;提倡加适量发胶、摩丝,头发不得有头屑。

● **男性**:最好是短发,头发不能长过耳朵,不要蓄长发,也不要剃光头,发色以黑色为最佳,不可染夸张发色,不能有过分修饰,避免给顾客以油头粉面的感觉。

◇ 面部修饰须洁净自然

> **案例**
>
> 顾客给某商店寄来一封信:"贵店服装专柜养着一只小熊猫吧!"于是店长找到服装专柜了解情况。
>
> 原来,几天前一位顾客正在服装专柜浏览商品,导购笑脸相迎地走过来询问:"您好!"顾客一抬头差点被吓得跳了起来,只见该导购有很重的黑眼圈,像熊猫一样。顾客忍不住问:"你的眼睛……"导购连忙解释说这是今年最流行的化妆式样。但顾客却无心再买东西,摇摇头走了。
>
> 诚然,称做小熊猫,的确是绝妙的表达。把眼圈染得铁青的服装部女导购,的的确确像一只小熊猫。

作为直接面对顾客群的导购,面部修饰的第一原则是洁净,同时要保持卫生和自然,给顾客以朝气蓬勃、诚实可信的感觉。

如果像案例中的导购那样,被人戏称为"小熊猫",那么这只"小熊猫"无论怎样磨破嘴皮,宣传今年的流行式样,顾客也无心倾听。光是脸上的黑眼圈就足以让人以为导购没有眼光了,又怎么会相信她介绍的流行款式呢?

● **女性**：要化适当的淡妆，口红、眼影须统一色调，不可浓妆艳抹，也不要不化妆；须对自己的面部皮肤、眉毛、眼角、耳朵、鼻头、口腔等作定期的检查和修饰保养，如眉毛的梳理、清洁，鼻部"黑头"的清理等。

● **男性**：选择合适的护肤品对脸部进行保养，及时清除过长的眉毛、耳毛、鼻毛、汗毛，保持口腔的清洁卫生；若无特殊的宗教信仰或民族习惯，须坚持每天上班前剃须，不能蓄长须，不可戴深色眼镜。

⇨ 统一着装有规范

正规的卖场都要求导购统一着装，这样既能营造协调、气派的氛围，增强员工的自豪感，提高自信心，同时也便于顾客识别导购，易于交易。

一般来说，卖场对导购的着装具体要求如下：

● 必须按规范统一着装，做到干净、整齐、笔挺，不得穿规定以外的服装上岗。

● 纽扣要全部扣齐，不得敞开外衣，卷起袖口、裤脚。

● 工作牌应该戴在左上胸15公分处（上衣口袋居中位置）。

● 制服衣袖口、衣领口不得显露个人衣物，制服外不得显露个人物品，如纪念章、胸针、胸花等规定以外的饰物。制服衣袋内不得多装物品，以免鼓起。

● 制服经常换洗，不得有污迹，衣领、袖口等处不得有发黄、发灰、发黑等迹象。

● 穿黑色低跟皮鞋，肉色长统袜，袜头不得露出裙脚，袜子不得有破洞；禁止穿拖鞋、胶鞋、布鞋等其他规定以外的鞋类上岗。

● 非工作需要，不得将工装转借他人，更不允许修改制服。

温馨提示

统一着装需注意以下三点：

◆ 服装式样不能太保守，以免产生呆板、落后之感，也不能赶时髦，如女性不宜穿短裙，男性衬衫不能花哨，应选择单一色调。

◆ 服装的面料应讲究些，档次过低、过高都不妥。应选择颜色单一、质地纯正、较为上等的面料。

◆ 服装不能只有一种款式，一套服装，应随着季节而有所变化。导购的服装不是作业服，而是具有很大的礼仪作用。

◇ 饰物选择的三大要求

案例

某超市导购人员装饰品佩戴规定有：

头饰：黑色、咖啡色、蓝色系列；

耳环：食品、饮品部门职工禁止佩戴，其他部门职工禁止佩戴直径5mm以下的耳环；

项链、手链、脚链：食品、饮食部的职工禁止佩戴，其他部门的职工可以佩戴戒指（嵌宝戒除外）。

饰物是指人们在着装时，同时选用的可供佩戴的装饰性物品，对人们整体的穿着打扮有辅助、烘托、陪衬和美观的作用。对导购而言，在佩戴饰物时有哪些具体要求呢？

● 少而精。即正在工作岗位服务的导购，提倡不佩戴任何首饰；佩戴时，一般不宜超过两个品种；佩戴某一具体品种的饰品则不超过两件。如不准许戴手镯、手链、大耳环，只允许戴一枚戒指、一副耳环、一条项链等。

● 在某些特殊的工作岗位上，如食品零售或加工的人员，因工作需要不宜佩戴任何饰物。男性导购尤其没有必要佩戴饰品。

● 穿制服时，要求不佩戴任何饰品；穿正装时，要求不佩戴工艺饰品，如造型为骷髅、刀剑等的另类饰品；工作时要求不佩戴珠宝饰品，以减少不必要的麻烦。

活用肢体语言：无声胜有声

人们对于眼睛所见、耳朵所闻的事物，都会直接将其形状记忆下来，在不知不觉中对某些事物留下深刻的印象。哈佛大学曾经对人的第一印象作了行为研究报告，报告指出：在人的第一印象中，55%来自肢体语言，38%来自声音，7%来自说话的内容。

肢体语言包括姿势、手势、表情、身体装饰、行为举止等诸多方式，是一种常为人忽视但在现实生活中不可或缺的非语言信息和交流系统。在许多情况下，由于肢体语言更带有无意识性、更原始、更难作假，因而比言语更真实地反映人类的某些内在感受和想法。

因此，肢体语言是导购人员不可缺少的表达手段。它既可以对口语起到补充、说明作用，又可以单独使用，传递口语无法表达的微妙信息，起到无声胜有声的作用。

温馨提示

肢体语言代表的意义

眯着眼——不同意，厌恶，发怒或不欣赏

扭绞双手——紧张，不安或害怕

懒散地坐在椅中——无聊或轻松一下

点头——同意或者表示明白了，听懂了

抬头挺胸——自信，果断

晃动拳头——愤怒或富攻击性

打呵欠——厌烦

轻拍肩背——鼓励，恭喜或安慰

笑——同意或满意

环抱双臂——愤怒，不同意防御或攻击

坐不安稳——不安，厌烦，紧张或者是提高警觉

双手放在背后——愤怒，不欣赏，不同意，防御或攻击

正视对方——友善，诚恳，外向，有安全感，自信，笃定等

避免目光接触——冷漠，逃避，不关心，没有安全感，消极，恐惧或紧张等

走动——发脾气或受挫

向前倾——注意或感兴趣

坐在椅子边上——不安，厌烦或提高警觉

摇头——不同意，震惊或不相信

眉毛上扬——不相信或惊讶

鼓掌——赞成或高兴

手指交叉——好运

搔头——迷惑或不相信

咬嘴唇——紧张，害怕或焦虑

抖脚——紧张

◇ 眼神是表达友爱的窗口

眼睛是心灵的窗户，是面部表情中最富于表现力的部分。人们可以用眼神和目光来表达情感、传递信息、参与交流。有研究表明，在人际交往中，人们用30%—60%的时间跟别人眼目传情。

在日常工作与生活中，眼神的灵活变化及丰富内涵，有时比语言表达更微妙。因此，导购在服务顾客时，目光应是和善友好、清澈坦荡的，要从目光中表现出你的热情与真诚。

1．注视部位

与顾客交谈时，应用 60%—70% 的时间注视对方，注视的部位是两眼和嘴之间的三角区域。目光要祥和、亲切、自然，不能太急切，要尽量让对方感觉到你的真诚。

用期待的目光，注视顾客，不卑不亢，只带浅淡的微笑和不时的目光接触，这是常用的温和而有效的方式。

2．注视范围

为顾客介绍时，应用余光观察四周是否有顾客在看别的产品，然后决定是否要放大音量或用其他办法把顾客吸引过来。

3．注视时间

交谈时注意力要集中，你的视线接触顾客面部的时间，应占全部谈话时间的 60% 以上。尤其在顾客询问相关问题时，切忌左顾右盼或心不在焉。

4．注视方式

应与顾客"正视"，以示尊重和礼貌。斜视、瞟、瞥，以及眼睛的半睁半闭均是不耐烦和目中无人的表现。正视部位应在顾客的双眼和口鼻处交替进行。

温馨提示

眼神若运用不当，不但会影响导购和顾客之间信息的传播与感情的交流，而且容易引起误会，甚至带来麻烦：

◆ 顾客说错话或拘谨不安时，导购不应继续直视对方，否则会被误解为对他的讽刺和嘲笑。

◆ 与顾客谈话时闭上双眼，或用俯视的目光打量对方，会让顾客觉得态度不友好，极度傲慢或没有教养。

◆ 导购对顾客频繁地眨眼、快速转动眼球，或是挤眉弄眼，都会给顾客留下轻浮、不稳重的印象。

◇ 微笑是靠近顾客的桥梁

微笑是通过面部笑容来传递和善、友好信息的一种特殊的无声语言，是最具有吸引力和魅力的肢体语言。笑，可以产生愉快的心情；笑，可以在人际关系上产生价值；笑，可以让顾客对你产生信赖；笑，还可以增进自己的健康。

既然笑能带来这么多好处，我们有什么理由不向顾客展示发自内心的微笑呢？因此，作为导购，在其服务过程中，必须微笑面对每一位顾客。

1. 微笑演练

● 与脸部表情的结合。即当你在微笑的时候，要眼睛笑（两只眼角柔和地上扬），眼神笑（眼神亲切自然，眼神流动着发自内心的笑意），嘴也笑（嘴角两边稍微往上扬，露出6—8颗牙齿），善意、礼貌、喜悦之情便在脸上荡漾。

> **微笑练习**
>
> 取一张厚纸遮住眼睛下边部位，对着镜子，心里想着最使你高兴的情景。这样，你的整个面部就会露出自然的微笑，这时，你的眼睛周围的肌肉也在微笑的状态，这是"眼形笑"。
>
> 然后放松面部肌肉，嘴唇也恢复原样，可目光中仍然含笑脉脉，这就是"眼神笑"的境界。学会用眼神与客人交流，这样你的微笑才会更传神、更亲切。

● 与口头语言的结合。即在你真诚微笑的同时，还要有热情、真诚的语言。比如，顾客进店时要微笑地说"早上好"、"您好"、"欢迎光临"等；顾客结账时要微笑地说"请您往这边走"。

光笑不说或光说不笑都会让你的服务质量大打折扣，顾客总是十分挑剔、喜欢"货比三家"，因此，有时不管我们再怎么努力推销，顾客也总说"再看看，谢谢"，这时就需要我们的耐心，微笑面对，用微笑告诉顾客我们这里有最优质的服务和商品，在我们这里购物是可以完全放心、满意的。

● **与肢体语言的结合**。即微笑的同时要与正确的肢体语言相结合，这样才会相得益彰，给顾客以最佳的印象。微笑就像朗朗的晴天一般，给人以温暖，也是导购成功的秘诀。

温馨提示

微笑服务并不意味着只是脸上挂笑，而应该是真诚地为顾客服务，给顾客提供必要的帮助。试想一下，如果一个导购只会一味地微笑，而对顾客内心有什么想法、有什么要求一概不知，一概不问，那么这种微笑又有什么用呢？

微笑练习   **照照镜子——你是否能把微笑留给顾客**

以下是导购人员在与顾客打交道时常见的镜头，看看哪一种更像你？

(1) 当我生气的时候，眉毛会竖起来，鼻腔会张大。

(2) 我紧张的时候，脸会涨红，讲话速度会很快。

(3) 我疲劳的时候，会无精打采，眼皮耷拉着，讲话声调会拖得很长。

(4) 我总是微笑着面对一切，即使是顾客投诉时。

(5) 大多数情况下，我能控制自己的表情，显出很自信的样子。

(6) 有时，我会一脸严肃地与顾客谈话。

(7) 即使是在谈论很严肃的话题，我也能通情达理、坦然面对。

(8) 我庆幸自己能微笑、自然地面对顾客。

> (9) 我的表情倾向于严肃，一本正经的样子。
>
> (10) 我总是尽力让顾客感受到我热情周到的服务，微笑是我最自然的表露。

2. 长期维持微笑的方法

对顾客微笑是导购最基本的要求，发自内心的微笑是最动人的，但长时间的工作会使身体变得疲劳，从早到晚都维持微笑不是一件容易办到的事情。以下方法可以帮助你天天微笑：

● "过滤"烦恼：在踏入工作卖场之前，将烦恼与忧愁通通抖落在大门之外，以最佳的心情和精神面貌迎接顾客的到来。导购必须学会分解和淡化烦恼与不快，时时刻刻保持一种轻松的情绪，让欢乐永远伴随自己，把欢乐传递给顾客。

案例

一位优秀的女导购脸上总带着真诚的微笑。一次与人聊天，朋友问她："你一天到晚地笑着，难道就没有不顺心的事吗？"

她说："世上谁没有烦恼？关键是不要也不应被烦恼所支配。到单位上班，我将烦恼留在家里；回到家里，我就把烦恼留在单位。这样，我就总能有个轻松愉快的心情。"

● 要有宽阔的胸怀：在销售的过程中，难免会遇到出言不逊、胡搅蛮缠的顾客，但我们一定要谨记"忍一时风平浪静，退一步海阔天空"的格言，永远保持一个良好的心态，使微笑服务变成一件轻而易举的事。

温馨提示

顾客在选购商品时犹犹豫豫，花费了很多时间，但是到了包装或付款时，却频频挑毛病或催促导购。

遇到这种情况，导购一定要理解顾客的行为，应该这么想："他一定很喜欢这种东西，所以才会花那么多时间去精心挑选，但现在要付款了，他心里一定有点舍不得，所以他才急躁起来。"在这种想法下，导购便会对顾客露出体谅的微笑。

● 要与顾客有感情上的沟通：当你向顾客微笑时，要表达的意思是"见到您我很高兴，愿意为您服务"。亦即在感情上把顾客当亲人、当朋友，与他们同欢喜、共忧伤成为，顾客的知心人。

案例

"微笑使者"的秘密武器

小燕是A商场的"微笑使者"，琢磨自己的表情是她工作、生活中的一件大事。

每天早晨上班前，哪怕只有30秒钟，小燕也会站在镜子前面照一照自己的笑容，想想会给顾客什么样的印象，再变换一下表情看看如何。小燕认为对着镜子练习时，只要想着自己最开心的事情，就能产生最自然的笑容，而这种真心诚意的笑容也是最令顾客满意的微笑。

小燕经常会练习在不同的场合里，是否会自然地做出关怀顾客的表情、共同分享欢乐的表现和惋惜懊悔的表情等。由于她能做到随时调整自己的表情，所以即便是在忙得不可开交的一瞬间，也可以在顾客面前自然地流露出亲切的微笑。

对于小燕热情周到的微笑服务，顾客都表示很满意。他们在接受小燕的服务后，都会由衷地对她说"谢谢"，因为"到这里来办业务，真是一种享受"。

用微笑招徕客人的好感，这就是小燕不可替代的秘密武器。

➪ 手势是表达心意的符号

手势语是用手势来模仿、刻画外界事物来表达交流的一种工具，是人类社会发展进程中不断交流的产物，是一种形象化了的非语言体。手势也是一种极其复杂的符号，能够表达一定的含义。

导购的手势语是他们表达心意的得力助手，可通过手势和顾客打招呼，表示欢迎、欢送等。手势的姿势要优美得体，动作也不要太大、太夸张，如果手舞足蹈就不好了。在向顾客展示商品时，要轻拿轻放，体现对顾客的尊重。

1．指示方向

以左手为例：五指并拢伸直，屈肘由身前向左斜前方抬起，抬到约与肩同高时，再向要指示的方向伸出前臂。身体保持立正，微向左倾。

2．指示商品

以左手为例：屈左臂由身前抬起后，以肘关节为轴，前臂由上向下（由下向上）摆动，使手臂成为一条斜线，掌心向斜下方（上方），并面带微笑示意顾客。

3．介绍商品

在介绍商品时，左手自然下垂，右手介绍，需要时左手也可以进行辅助介绍；有必要的话，左手可以拿笔和记录单，在顾客需要时可以随时记下。严禁将手放在裤袋里，严禁抓头发、挖耳朵等一系列不文雅的手势。

4．"请"姿

以右手为例：五指并拢伸直，掌心向下，手掌平面与地面呈 45°左右，腕关节要低于肘关节。做动作时，手从腹前抬起，至上腹处，然后以肘关节为轴向右摆动，摆到身体右侧稍前停住，同时身体和头部微由左向右倾斜，视线也由此随之移动；双脚并拢或成右丁字步，左臂自然下垂，目视顾客，面带微笑。

当然，仅靠手势指示，而神态麻木或漫不经心是不行的，只有靠面部的表情和身体各部分身姿语的配合，才能给人一种热诚、舒心的感觉。

温馨提示

导购服务手势的运用要规范和适度，需注意以下几点：

◆ 手势不宜过于单调重复，也不能做得过多。

◆ 运用时应注意力度的大小、速度的快慢、时间的长短，不可过度。

◆ 手势的运用要注意与表情、步态、礼节相配合，这样才能达到最佳效果。

◆ 不能随意对顾客指指点点，尤其是在与顾客交谈的时候。

◆ 等待顾客时，不能反复摆弄自己的手指，莫名其妙地攥拳松拳或将手插放口袋。

◆ 不可在工作中整理服饰或梳妆打扮，否则会给人以矫揉造作、当众表演之感。

◆ 摸脸、擦眼、搔头、掏耳、咬指甲、抠鼻孔、剔牙、抓痒等行为会令顾客反感。

◆ 不要十指交叉置于货架上或眼前、眉心，这表示心情沮丧，有时还表示敌对或紧张。

◇ 站姿：男女有别

人们在站立时，不但姿势要美、优雅，还要讲求身体的舒适。导购因其职业要求，在工作中应该使用正确的站立姿势，使男士显得挺拔稳重，女士显得优雅端庄，给人以热情可靠、落落大方之感。

1. 基本站姿

头部抬起（一般不应站得高于自己的交往对象），面部朝向正前方，双眼平视，下颌微微内收，颈部挺直。双肩放松，呼吸自然，腰部挺直。双臂自然下垂，手部虎口向前，手指微曲。两腿立正并拢，双膝、脚跟紧靠，两脚呈"V"状分开。

● **男士**：双手相握、叠放于腹前，或者相握于身后。双脚可以叉开，大致上与其肩部同宽，为双脚叉开后两脚之间相距的极限。体现男性刚健、潇洒、英武、强壮的风采，给人一种"劲"的壮美感。

● **女士**：双手相握或叠放于腹前。双脚可以在一条腿为重心的前提下，稍许叉开。表现女性轻盈、妩媚、娴静、典雅的韵味，要努力给人一种"静"的优美感。

正确的站姿需要我们长期锻炼才能养成，练习正确站姿的方法如下：
● 利用全身镜，按照下述的各种要领站立，并照着镜子改正姿态。

头——抬起，要平	下巴——稍微向后缩，但避免出现双重下巴
脖子——同脊椎骨成一直线	胸脯——挺起
脊椎骨——挺直	臂——自然下垂，稍微移向后臀部
腹部——向后缩	臀部——与肩膀平行
膝——直而轻松	脚——双脚平行，分开6—8公分

● 如没有全身镜，可以背靠着墙，尽量使其接触，如此自然会收缩肚子。

● 背靠墙而立，让足跟、小腿肚、臀部、背部、后脑和墙接触，在头上顶3本书，让书的一边和墙接触，走动离开墙，为了不让书掉落，你会本能地挺直脖子，下巴后收，胸脯挺起。

2. 特殊站姿

一般情况下,导购要保持自己的基本站姿,但在以下情况,导购也可以适时改变自己的站姿,以便更好地为顾客服务。

● **服务顾客时**。保持站立姿势,脚跟合拢,脚尖自然分开成 30°角,双手微合于腹前,抬头挺胸,目光平视,面带微笑,自然大方。为顾客介绍产品时,站在距离产品约 30cm 处,与顾客的距离约 80cm 较为合适。

● **恭候顾客时**。将双手自然下垂,轻松交叉于身前,两脚微分,平踩在地面上,身体挺直,朝前,站在能够照顾到自己负责的商品区域,并容易与顾客进行初步接触的位置。对走近产品的每一位顾客都应点头示意。

温馨提示

站立的姿势要自然端正,不弓背弯腰,不前挺后撅,既要站直又要放松,不要以单腿的重量支撑身体,这样短暂的舒适感只会带来反效果。一定要穿合脚的鞋子,尽量不要穿高跟鞋上岗。

3. 站姿禁忌

不良站姿不但姿态不雅,而且缺乏敬人之意,往往会无意中使本人形象受损。导购在站立时应避免出现以下几种情况:

● **身躯歪斜**:如偏头、斜肩、歪身、屈腿,或膝部不直,都会让人觉得该导购颓废消沉、萎靡不振、自由放纵。

● **弯腰驼背**:如腰部弯曲、背部弓起、胸部凹陷、腹部挺出、臀部撅起等,都会显得一个人缺乏锻炼,健康不佳,无精打采。

● **趴伏倚靠**:如趴伏在某处左顾右盼,倚着墙壁、货架而立,靠在桌柜边上,或前趴后靠等,都是被服务礼仪所严格禁止的。

● **浑身乱动**:站立是一种相对静止的体态,因此不宜在站立时频繁地变动体位,甚至浑身上下乱动不止。手臂挥来挥去,身躯扭来扭去,腿脚抖来抖去,都会使一个人的站姿变得十分难看。

4. 导购的正确站姿

● 手脚可以适当地进行放松，不必始终保持高度紧张的状态。

● 以一条腿为重心的同时，将另一条腿向外侧稍稍伸出一些，使双脚呈叉开之状。

● 双手可以指尖朝前轻轻地扶在身前的柜台上。

● 双膝要尽量地伸直，不要令其出现弯曲。

● 肩、臂自由放松，但一定要伸直脊背。采用此站姿，既可以使导购不失仪态美，又可以减缓其疲劳。

⇨ "走"出优雅和风度

有些人不重视步态美，或者由于先天性生理不足、后天性的不良习惯造成不良走姿，而且又不肯下决心矫正自己的缺陷，任其自然，逐渐形成了一些丑陋的步态。比如，有的人走路，总是摇头晃肩，给人以轻薄的印象；有的人弯腰弓背，给人以压抑、疲倦、老态龙钟的感觉；还有的人晃着"鸭子"步，十分难看。

作为导购，其行走的时间往往超过所有其他行为的时间，而且一般都是在大庭广众之下行走。那么，导购如何使自己的走姿优雅、有气质和风度呢？

1. 基本要求

走姿的基本要领是：行走时双肩平稳，两眼平视前方，下颌微收，面带微笑。手臂伸直放松，手指自然弯曲，摆动时，以肩关节为轴，上臂带动前臂，双臂前后自然摆动，摆幅以30°—35°为宜，肘关节略弯曲，前臂不要向上甩动。

上体微前倾，收腹挺胸，提髋屈大腿带动小腿向前迈。脚尖略抬，脚跟先接触地面，依靠后腿将身体重心推送到前脚脚掌，使身体前移。跨步均匀，步幅适当，一般应该是前脚的脚跟与后脚的脚尖相距为一脚长。步伐稳健、自然，有节奏感。

● **男士**：以稳健洒脱为标准。抬头挺胸，收腹直腰，上体平稳，双肩平齐，目光平视前方，步履稳健大方，显示男性刚强雄健的阳刚之美。

● **女士**：以袅娜轻盈为标准。头部端正，目光柔和，平视前方，上体自然挺直、收腹，两腿靠拢而行，步履匀称自如，含蓄恬静，显示女性庄重文雅的温柔之美。

2．行走禁忌

导购在行走时，一定要注意其行进的方向、步幅、速度、重心、造型和协调性，同时，应避免以下几种不良走姿：

● **横冲直撞**：导购切记，行进时一定要做到目中有人，尽量减少在人群中穿行，以免让人对你"横眉怒目"。

● **悍然抢行**：导购要养成"礼让三分"、让道于人的良好习惯，避免在行进时争先恐后、公然抢道的不良习惯。

● **奔来跑去**：导购需牢记，不到万不得已，尽可能不在顾客面前奔来跑去，以免让不明真相的人猜测和怀疑，引起混乱。

● **阻挡道路**：导购在行进时，要选择适当的路线，保持一定的行进速度，并与同行者保持一定距离；发现阻挡他人时，务必闪身让开，请对方先行。

● **步态不雅**：导购在行进过程中，要有意识地避免不雅的步态，如"八字步"、"鸭子步"等，使自己的姿态优雅大方、风度翩翩。

温馨提示

噪声会令人心烦意乱、心神不定。导购经常处于行走过程中，又如何使自己走路不影响他人呢？

◆ 走路时要轻手轻脚，不要在落脚时过分用劲，走得"咚咚咚"直响。

◆ 上班时不要穿带有金属鞋跟或钉有金属鞋掌的鞋子，以防在接触地面时频频发声。

◆ 上班时所穿鞋子一定要合脚，否则走动时会踢里踏拉地发出令人厌烦的噪声。

◇ "坐"也有讲究

优雅的坐姿传递着自信、友好、热情的信息，同时也显示出高雅庄重的良好风范，坐姿要符合端庄、文雅、得体、大方的整体要求。

导购人员在工作时很少有坐的机会，但在参与某些商业活动时，也不可避免地要遇到如何坐的问题。那么，在此种情况下，导购应掌握哪些坐姿技巧呢？

1．基本坐姿

从椅子的侧面入座，动作轻柔舒缓、优雅稳重。入座时应采用背向椅子的方向，右腿稍向后撤，使腿肚贴着椅子边；上体正正，轻稳坐下。

入座后，双腿并齐，手自然放于双膝、扶手或桌面；坐稳后，人体重心向下，腰挺直，上身正直，双膝并拢微分；会谈时，身体适当倾斜，两眼注视谈话者，同时兼顾左右其他人员。

● **男士**：入座要轻，至少要坐满椅子的2/3，后背轻靠椅背，双膝自然并拢（可略分开）。身体可稍向前倾，表示尊重和谦虚。

● **女士**：入座前应用手背扶裙，坐下后将裙角收拢，两腿并拢，双脚同时向左或向右放，两手叠放于腿上。如长时间端坐可将两腿交叉叠放，但要注意上面的腿向回收，脚尖向下。

2．坐姿禁忌

和站姿、走姿一样，导购在就座时也应有所禁忌，否则不良的坐姿可能给人留下漫不经心、狂妄自大、缺乏涵养、耐心不够、心理素质差等种种不良印象。这些不良坐姿包括：

● **蜷缩一团**：即坐下之后，弯腰曲背，佝偻成团，这种姿势不但会影响导购在他人心中的形象，也会导致各种颈椎和脊柱。

● **半坐半躺**：即坐在较靠椅前缘的位置，背再向后靠在靠背上，形成半坐半躺的姿势。这种坐姿也是容易引起腰痛的不良姿势。

● **"二郎腿"**：这种架起"二郎腿"的姿势，是最容易给人狂妄自大、目中无人、自由放任感觉的坐姿，因此导购在与顾客交谈时，一定要避免。

● **单腿踩凳**：即就座后缩起一条腿，踩在椅子上，或坐得歪歪扭扭的，这种坐姿是一种非常不礼貌的行为，和"二郎腿"一样，导购必须避免。

顾客服务中应避免的不良形体语言

双手抱在胸前——在销售服务过程中，双手抱在胸前，表示不尊重、不耐烦、封闭、怀疑，这是一定要避免的。

说话时手指放在嘴上——说话时手放在嘴边，或者有一些托腮的举动，表示缺乏解决问题的信心。

背靠或斜靠在物体上——背靠或斜靠在物体上，如背靠墙、货架或门，就表示不感兴趣。

避开对方延伸的接触——避开对方目光的延伸是指对方眼睛看着你，而你有意识地回避对方的目光，表示否定，或者表示你没有在听对方讲话，或表示你不希望和对方进行交流。

文明用语五知道

文明用语的应用，可以增进与顾客之间的感情，赢得了顾客对我们的信任，提升了卖场的良好形象。

导购在工作中，使用礼貌用语应做到自觉、主动、热情、自然和熟练。把"请"、"您好"、"谢谢"、"对不起"等最基本礼貌用语与其他服务用语密切结合起来加以运用，给我们的导购工作增添绚丽的色彩。

◇ 招呼询问要灵活

导购在与顾客打招呼并询问顾客寻求时，一定要笑脸相迎，说好第一句话，给顾客留下美好的第一印象；同时还要热情诚恳，突出商品的特点和卖点，抓住顾客心理，当好参谋，注意不要言过其实。例如：

- 欢迎光临，请随便看看！
- 我能帮您什么呢？
- 您想挑选什么商品，我给您介绍几款好吗？
- 请您稍等一下，我马上来。
- 这是您要的东西，请看看。
- 请问您贵姓（怎么称呼您）？
- 您真有眼光，这是今天刚刚到的新款，我拿给您试试？
- 这种样式现在很流行，买回去送朋友或自己穿都不错的！
- 请您登记一下您的资料，以便我们帮您积分。

> **案例**
>
> 顾客问："这种样式的衣服没有红色的吗？"导购马上回答说："是的，目前只有紫色和白色的，这两种颜色都很好看，您穿起来一定很漂亮。"于是顾客留了下来。如果导购直接回答"没有"，顾客就可能立刻走掉。

◇ 赞美须恰如其分

生活在社会中的每一个人，都希望得到他人的赞美、认同。赞美能激发受赞美者的自豪和骄傲，从中了解自己的优点和长处，认识自身的生存价值。充分地、善意地看到他人的长处，因人、因时、因场合、适当地赞美，不管是直率、朴实，还是含蓄、高雅，都可收到很好的效果。

恰当的赞美可以拉近与顾客之间的感情，而且恰如其分的赞美之语也是使顾客产生购买的动力之一。例如：

- 您说的没错。
- 您搭配衣服真有品味。
- 这件衣服更能衬托出您的身材。
- 您真会选东西（您真有眼光）。
- 您有零钱，真是太好了。

案例

一次，一位小姐来商场买衣服，经过试穿后，自我感觉很好，她很开朗地问导购："您看效果如何？"

导购笑着说："您穿上这件衣服比张曼玉还有气质，那只能是潮流追你了！"一句话，使她坚定了购买的信心。

◇ 答谢道歉：态度真诚是重点

导购在得到顾客的称赞或顾客提出建议时，一定要答谢，以显示其良好的素质；在向顾客致歉时，一定要态度真诚、语气温和，力求顾客的谅解，决不允许推卸责任、强词夺理。

导购常用的答谢道歉语言有：

- 您过奖了。

- 多谢您的鼓励（支持），我们今后一定做得更好。
- 谢谢您，这是我应该做的。
- 多谢您的指正，今后我一定努力改进。
- 对不起，让您久等了。
- 真不好意思，您要的型号暂时缺货……
- 对不起，她是新来的，服务不周之处请您原谅。
- 对不起，小票开错了，我给您重开。
- 非常抱歉，刚才是我说错了，请多包涵。
- 对不起，这件没有条形码，我给您换一件。
- 今天顾客太多，有照顾不周之处请您原谅。

案例

顾客在W商场的电器部买了一部电话要作分机使用，但买回家后发现不会安装，于是打电话给商场要求派人去安装。

商场售后服务部的接线小姐回答道："很抱歉，我们服务的不足给您带来了麻烦，我代表W商场向您致歉！对于您的要求，虽然我们商场不能为您提供上门安装服务，不过您不用着急，我们会马上请厂家的服务部派人来为您安装。请您稍等一会儿，10分钟后我会给您具体答复。"

◇ 收银打包不容有失

打包及向顾客道别时，导购一定要彬彬有礼，让顾客高兴而来，满意而去，不允许默不作声、面无表情；尤其在收银时，对经手的现金及票据方面的失误负有不容推卸的责任，务必做到唱收唱付。

收银及送别的常用语言有：

- 您好，您的商品一共价值××元。
- 收您××元。

- 找您××元钱,请收好。
- 您的钱正好。
- 您的钱不对,请您重点一下好吗?
- 请您保留好销售小票,以便积分。
- 这是您的东西,请拿好。
- 东西都放进去了,请您拿好。
- 这东西比较沉,我给您加一个袋子。
- 谢谢,欢迎您下次光临。
- 再见,您走好。
- 这是您的东西,多谢惠顾。

温馨提示

导购在与顾客交流时,要做到和蔼、文雅、谦逊。同时,导购的话语应少用命令式,多用请求式;少用否定句,多用肯定句;少贬低,多赞扬;言辞生动、语气委婉,还应配合适当的表情和动作。

◆ 语言要有逻辑性,层次清楚,表达明白。
◆ 话语重点和要点突出,不讲多余的话,不啰嗦。
◆ 不夸大其词,不使用粗俗的话语,不用方言土语。
◆ 不与顾客争论,不侮辱、挖苦、讽刺顾客。

禁忌用语12句

俗话说:"良言一句三冬暖,恶语伤人六月寒。"在很多情况下,导购的一句话就可能引来顾客的不满和投诉,不但影响了自己的销售业绩,也损害了商场的形象。

因此,在服务过程中,导购一定要注意下面这些话不能说:

- 不知道,不晓得(这东西不是我卖的,我不知道)。

- 你怎么这样不识货！
- 你自己看好了。要买就买，不要乱翻乱拿！
- 我们的东西很贵哦，你买得起吗？
- 你到底买不买？少见多怪！
- 神经病，莫名其妙！
- 这里有便宜货，你要不要买？
- 这么便宜还要挑来拣去！嫌太贵就不要买！
- 其他店东西便宜，去那好了！
- 要买就买，不买拉倒，不必勉强！
- 不想买看什么！
- 我们是专卖店，不是地摊！

文明用语八不讲

一不讲：有伤顾客自尊心的话； 二不讲：有损顾客人格的话；

三不讲：埋怨责怪顾客的话； 四不讲：讽刺挖苦顾客的话；

五不讲：欺瞒哄骗顾客的话； 六不讲：不耐烦催促顾客的话；

七不讲：低级庸俗的口头话； 八不讲：比喻不当的话。

第三章

卖场陈列——制造吸引顾客眼球的剧场

同样的商品，摆放不一样，就会产生截然不同的销售效果。出色的卖场陈列设计会在瞬间吸引人们的目光，从而使所展示的商品得到更多的关注。卖场陈列是展示商品形象、吸引顾客眼球的重要手段。

目前大部分的零售店铺都发生了重大变革，打破三尺柜台，实行顾客自主选择购买，有效的货品陈列更成为影响顾客购买决策的重要因素之一。良好的卖场陈列不仅可以突出商品的特点，增强商品的吸引力，美化商场的布局景观，而且还可以传播一定的商品信息，加速商品流通，促进商品销售。因此，卖场陈列是导购必须掌握的一项基本业务操作技能。

圣诞之夜——送一片平安给世界

A超市值圣诞节来临之际,围绕"送一片平安给世界"为主题,将整个卖场陈列重新调整布置,带给顾客耳目一新的感觉,从而成功地将营业额提升了60%。

店堂布置:

(1) 在超市的中心位置,摆好一个圣诞展台,铺好地毯。展台的中心布置好圣诞树,挂好彩灯。将黄牌商品装入礼品包装袜中,挂在圣诞树上。

(2) 用彩条将卖场所有空白立柱缠绕起来,再将空白的墙面、橱窗用彩条组成"圣诞快乐"、"MERRY CHRISTMAS"和圣诞树或圣诞老人的图案装饰。购物货架的每一层都用彩条布置。

(3) 卖场各区扎好氢气球,对应每扎气球挂上圣诞帽、圣诞袜子,并上下交叉布置。进口处挂"送一片平安给世界",出口处挂"真情片片、爱满人间"。

卖场调整:

(1) 每个品类的商品挑选出精品各做一个堆头,并在每个商品上贴小蝴蝶结(生鲜商品不贴)。将各商品堆头围绕着圣诞树排列。

(2) 在每个区的接口处挂好每个区的名称,如美味街、家居路等,并在每一个货架接口处都安排一名圣诞导购欢迎顾客(每位导购司仪戴好圣诞帽)。

背景音乐:《雪绒花》、《铃儿响丁当》、《平安夜》等节日音乐。

卖场布置与商品陈列的目的就是希望通过各种直接、间接的渠道把商品销售出去。案例中,超市为迎接即将到来的圣诞节,不仅重新布置了店堂,还对卖场的商品陈列作了相应调整,并设置了与圣诞氛围相适应的背景音乐，这就像制造了一个吸引顾客的圣诞剧场，营业额因此而得到提升是必然的事情。

有一项调查显示，有70%的顾客表示，卖场的商品陈列是吸引他们进店的因素；有22%的顾客表示商品陈列重要而不是绝对在乎；只有8%的顾客表示商品陈列无关紧要。因此，为了达到促进销售的目的，商品的陈列要针对商品特性加以有效的选择与组合，妥善地整理，分类显示出商品的魅力，吸引顾客的眼球，抓住顾客的第六感。

商品陈列五大黄金原则

商品陈列是店面广告的一个重要形式，导购的工作效率、服务质量等与商品的陈列也有相当密切的联系，因此，商品陈列在一定程度上决定着店铺的销售情况。一般而言，商品陈列应遵循以下原则：

◇ 整洁有序

商品陈列首先要给顾客以整齐、清洁的感觉。导购对于所经营的商品、展示的样品及陈列用的道具、展台、货架等服务设施，都应实行动态管理，以确保柜台陈列达到清洁、卫生、整齐、有序的要求。

● 陈列品、装饰品要随时保洁，定期更换，脏、残样品要及时撤换更新，使陈列处于整洁、完好状态。

● 陈列商品的说明、标牌、价签、POP均应面向顾客，定位摆放。新产品、高档商品要配以规范、简明的文字说明和POP标示牌。

● 一般商品均应采用裸露式陈列，使之尽可能地贴近顾客，给顾客以直观和亲切、真实的感觉。

➡ 丰满充足

"货卖堆山"是中国的经商谚语。为什么要堆山？就是要通过商品的极大丰富、极大丰满招徕顾客、吸引顾客、刺激顾客的购买欲。因此，商品陈列本身也是一种广告，我们要将商品陈列看是招徕顾客的一种方式；为了有效地招徕顾客，商品摆放一定要丰满。

在商品陈列中，不管是柜台，还是货架，商品陈列均应显示出丰富性和充足性，即商品陈列应尽可能地将同一类商品中的不同规格、花色、款式的商品品种都展示出来，扩大顾客的选择面，同时也给顾客留下了一个商品丰富的好印象。

在卖场中要做到商品丰满充足，主要可以从以下三个层面入手：

● **商品的种类要多**。商品种类多并不意味着单纯地大量增加品种的数量。为了使顾客感受到商品种类的丰富，可以在不增加品目数量的前提下，将品种按照用途和使用方法细分，并分别加以陈列，同样可以实现种类的丰富。

● **商品的品目要少**。为了使顾客感受到品目的丰富，首先要收缩价格带的上限与下限。不管有多少品种和品目，如果它们之间的价格差距太大，那么顾客在挑选商品时不仅失去了可比较的对象，而且增大了顾客的购买风险。

另外，价格的种类也不宜过多。如果价格种类过多，而且每个品目之间的差距只有 0.2 元或 0.5 元，那么就会给顾客的挑选带来很大的困惑。因此，在一个狭窄的价格带内，组织可比较的价格种类和品目，并把成为比较对象的品目就近陈列，才能创造出品目丰富的效果。

● **单品大量陈列**。商品的大量陈列并不等同于商品的丰富。单品的大量陈列是建立在对价格带和价格线，即对商品构成的认真分析的基础之上的。如果不加分析地大量陈列商品，不可能使顾客感到商品丰富。

温馨提示

商品品种丰富是提高销售额的主要原因。品种单一、货品空缺的店铺，顾客很少光临。超市的一个货架每层至少要陈列 2—3 个品种，便利店要更多一些。

从国内外超市的经营情况来看，店铺营业面积每平方米商品的品种陈列量平均要达到 11—12 个品种，即 100 m^2 的便利店经营品种至少要达到 1 200 种左右，500 m^2 的超市要达到 5 000—6 000 种，1 000 m^2 的超市要达到 10 000 种以上。

◇ 美观悦目

一件高档时装，如果把它很随意地挂在普通衣架上，其高档次就显现不出来，顾客就可能看不上眼。如果把它"穿"在模特身上，用射灯照着，再配以其他的衬托、装饰，其高雅的款式、精细的做工就很清楚地呈现在顾客面前，顾客就很容易为之所动。

因此，商品陈列要充分有效地利用有限的空间，努力创造美的环境，突出经营特色，以最简洁、美观的方式向顾客展示、介绍商品。我们可以在保持商品陈列的有序性和整洁性的同时，依据商品的特性及店铺的文化进行艺术性的陈列创造，这是对商品陈列的较高要求。

案例

情人节前几天，一家商场在商品陈列区摆出了一张造型非常别致的桌子，铺上精致的桌布，然后将一束玫瑰花、一瓶啤酒放在桌上的一个竹篮里，再在桌上放一支红烛、两只高脚杯，之外，是一盒包装精美的巧克力。

许多年轻男女路过此处时都不由自主地放慢脚步，女人们眼里流露出渴望，男人们也似乎被商品陈列所描述的浪漫一刻打动，若有所思。情人节后，商场发现，价格不菲的巧克力几乎一扫而空，而陈列于周边的葡萄酒、红蜡烛、女用首饰等商品的销售也很不俗。

方便购买

在商品陈列中，除要求陈列整洁、丰满、美观外，还要方便顾客，让顾客看清楚商品并引起注意，从而激起其冲动性的购买心理。因此，商品陈列可借助陈列位置、陈列状态、色彩灯光等方便顾客寻找、选择和拿取。

陈列除了要考虑商品因素外，还可以从以下方面考虑顾客购买的便利性：

● **一次购齐**。为了购买方便，应将相互关联的商品靠近陈列。例如，衬衫、西裤、领带、皮鞋和皮带应放在相邻的地方，使顾客能在最小的空间内买足他所需的商品。

● **最快购物**。为了使顾客花较少的时间完成购买，商品陈列应配合购买效率。靠近销售区设立一个收银机，可节省顾客来回走动的时间；设流动性展览柜可以接待更多的顾客；使用多层专柜，可以利用上下空间，陈列更多的商品，减少店员去仓库取货的时间。

温馨提示

◆ 陈列位置要符合顾客的购买习惯，商品要正面朝向顾客，标价牌要有坡度地固定在第一件商品下端。

◆ 商品外包装颜色和灯光的搭配要尽量醒目，使顾客感到舒服。

◆ 一些季节性、节日期的新商品、促销品、特价商品可单独陈列，陈列要醒目显著。

依主题进行陈列

卖场的生命力在于创造人们想像的空间，因此依主题进行商品陈列是一项很重要的课题。所谓主要陈列，即是在商店内创造出一个生活场景，使顾客产生一种宾至如归的感觉，可以自由地进行选择或欣赏。

1. 主题的确定

在确定主题时，应进行多方面的研究和思考，一方面要反映专卖店的宗旨和特征，另一方面要迎合时代潮流。

> **案例**
>
> 有一家服装店选择了休闲作为主题，那么商品选择就应追求自然、轻松和悠闲，店面展示突出休闲及运动性服装。假如专卖商店的规模较大，可以布置若干休闲场景，诸如舞厅场面、滑雪场面、沙龙场面等，并用模特所穿的服装引起顾客的兴趣。

2. 主题的发掘

专卖商店的主题陈列是需要发掘的，与众不同才会在竞争中略胜一筹。

> **案例**
>
> 日本有一家普通的花店，出售各种鲜花，店面陈设与别的花店没什么两样，经营状况很不理想。这家店主非常喜欢蔷薇花，于是将花店改为专卖蔷薇花的店铺，与其他花店形成了区别。
>
> 店里有10至20种名为"蓝色之梦"的罕见蔷薇花。花店的特色吸引了不少顾客，但商圈内需要蔷薇花的毕竟有限，店主于是根据主题，收集了各种印有蔷薇花图案的商品，如桌布、椅垫、餐盘，以及小装饰品等，统统陈列于店面内销售，结果生意很好。
>
> 这种方法不仅吸引了对蔷薇花有兴趣的顾客，也使对蔷薇花不了解的顾客发现了此花的魅力。

3. 主题的表现

专卖商店的主题表现除了货架、模特、样品、空间等硬件设施外，还应注意所呈现的气氛和格调。

温馨提示

服装店应突出潇洒、漂亮；食品店应注意整洁、卫生；电器店应显示出高雅、华丽；钟表店应呈现生命和时间的关联。即使同为服装店，因等级不同，商品陈列也应有所差别。经营大众化服装，就应避免富贵、豪华的展示；而经营豪华型服装，切忌选用普通职业模特。

总之，表现形式应与主题一致，这样才会形成特色，受到顾客们的喜爱。

三大陈列类型

商品陈列的主要类型因陈列目的的不同，一般可划分为展示式陈列、推销式陈列和橱窗式陈列三大类型。

一 展示式陈列

展示式陈列的主要目的是引起顾客注意，刺激顾客的购买欲望，因此多采用以下几种陈列方式：

1. 中心陈列法

即以整个陈列空间的中心为重点的陈列方法。把大型陈列商品置于醒目的中心位置，其他商品按类别组合在四周的货架上，使顾客一进入店铺就可以看到大型主体商品。中心陈列法对于陈列主题的表达非常有利，具有突出、明快的效果。

2. 线型陈列法

以陈列单元为基础，采用垂直或平行排列的形式，按顺序组排成直线的陈列方法。这样的陈列能更直观、真实、完美地表现出商品的丰富内容，使顾客一目了然,并能强烈地感染顾客,使之产生购买的欲望。

3. 配套陈列法

运用商品间的互补性,将不同种类但相互补充的商品组合成一体,系列化陈列,表现顾客的生活需求,使顾客在购买某商品后,也顺便购买旁边的商品,这样既可以使得店铺的整体陈列多样化,也增加了顾客购买商品的概率。

顾客买了一瓶啤酒,看见旁边有开罐器,就顺带买了一个开罐器,然后记起来过几天要请客,所以再走几步,看到了陈列的精致的玻璃杯,于是又挑选了一组玻璃杯。

本来顾客只是为了买一瓶啤酒,结果因为买啤酒,而买了开瓶器,买了玻璃杯,甚至于连杯垫也一起买了。

4. 特写陈列法

根据商品展示的需要,将重点突出商品或细小商品放大为数倍于它们的模型,或扩放成大尺寸的特写照片,作为对视觉富有冲击感、调节空间气氛的陈列。

5. 开放陈列法

展示陈列多采取开放式,使展示的商品与观众、顾客之间直接接触,顾客可以直接参与演示、操作、触摸体验。开放陈列法是一种具有较高时效性和最佳展示功能的展示陈列方法。

在某商场,与传统家电卖场的陈列方式不同,在卖场一楼电饭煲、电水壶、电熨斗等时尚精美的大小家电，已经全部摆放在开放式的货架上，任意由消费者看、听、摸、用，这种方式可以让人更直接地感受每样家电，性能如何、使用是否方便。

消费者通过自己的体验，可以少走弯路，减少了购买家电时的盲目性。

◇ 推销式陈列

推销式陈列的主要目的是让顾客对所展示的商品作比较，以产生对商品的信赖感，从而达到销售商品的目的。

1．品种陈列法

按商品品种陈列是大多数店铺常用的陈列方式，因为依据品种来分，无论是统计还是进货都比较方便。如服装专柜，可以将商品分成几部分：休闲装、西装、职业装、儿童装等。

2．材料陈列法

按材料陈列的方式在器皿类柜组比较常用。如将碗杯碟等分为陶器、瓷器、漆器、银器和塑料制品等，再把其分类陈列，使顾客在选购时能一目了然。

3．用途陈列法

这种陈列方法多用于家庭用品类商品的陈列，这些商品通常以自助方式来销售，可分成厨房用具、客厅摆设、浴室用品、卧房用具等。

温馨提示

顾客需要照明用具，能充当照明用具的商品很多，如日光灯、白炽灯、台灯、吊灯、新型节能灯等，商场依用途把所有能提供照明用途的灯具都集中在一起，给顾客以充分的比较选择的机会，从而对所购商品更有信心。

4．对象陈列法

这是一种依据购买对象的不同而分类陈列的方法，多用于性别、年龄、职业等区别较大的商品的陈列。如服装专柜，多依据消费对象的不同而划分为老年服装专柜、中年服装专柜、儿童服装专柜和青年服装专柜等。

5．价格陈列法

礼品及廉价商品的陈列多采用这种陈列方法。因为顾客购买礼品时会有一定的预算，按价格将不同价位的商品进行分类陈列，能方便顾客挑选和购买。而廉价商品为突出其价廉物美的特点，也多按照价格进行分类陈列。

二 橱窗式陈列

橱窗是店铺的"眼睛"，店面这张脸是否迷人，这只"眼睛"具有举足轻重的作用。橱窗是一种艺术的表现，是吸引顾客的重要手段。

与其他广告相比，橱窗广告的主要特征是真实性，它以商品本身为主体，最直观地展示商品，因此能直接引起顾客的注意力，激发购买兴趣，促进购买行为，起到宣传商品、招徕顾客、扩大销售以及美化商店的作用。

1．综合式橱窗陈列

即将许多不相关的商品综合陈列在一个橱窗内，以组成一个完整的橱窗广告。这种橱窗布置由于所陈列商品间的差异较大，设计时一定要谨慎。

温馨提示

综合式橱窗布置的三种形式

◆ 横向陈列，将商品分组横向陈列，引导顾客以从左向右或从右向左的顺序观赏。

◆ 纵向陈列，将商品按照橱窗容量大小，纵向分布几个部分，前后错落有致，便于顾客从上而下依次观赏。

◆ 单元陈列，用分格支架将商品分别集中陈列，便于顾客分类观赏，这种形式多用于小商品。

2．系统式橱窗陈列

店铺橱窗面积较大时，可以按照商品的类别、性能、材料和用途等不同标准组合陈列在一个橱窗内。其布置方式又可具体分为四种：

● **同质同类商品橱窗**。同一类型同一质料制成的商品组合陈列，如各种品牌的冰箱、自行车橱窗。

● **同质不同类商品橱窗**。同一质料不同类别的商品组合陈列，如羊皮鞋、羊皮箱包等组合的羊皮制品橱窗。

● **同类不同质商品橱窗**。同一类别不同原料制成的商品组合陈列，如杏仁蜜、珍珠霜、胎盘膏组成的化妆品橱窗。

● **不同质不同类商品橱窗**。把不同类别、不同制品却有相同用途的商品组合陈列橱窗，如网球、乒乓球、排球、棒球组成的运动器材橱窗。

3．专题式橱窗陈列

所谓专题式橱窗布置，是指围绕某一个专题，组织一些专用商品，或不同类型的商品，用一个橱窗进行单独陈列，向顾客传输一个诉求主题的橱窗布置形式。如妇女、儿童、体育、医疗卫生等专用商品陈列。

这种陈列方式多以一个特定环境或特定事件为中心，把有关商品组合陈列在一个橱窗内。又可分为：

● **节日陈列**：以庆祝某一个节日为主题组成节日橱窗专题。

● **事件陈列**：以社会上某项活动为主题，将关联商品组合的橱窗。如大型运动会期间的体育用品橱窗。

● **场景陈列**：根据商品用途，把有关联性的多种商品在橱窗中设置成特定场景，以诱发顾客的购买行为。

专题式橱窗的优点：

● 反映了设计者的思想，可以增强顾客对商店的好感；

● 由于众多商品共同反映一个主题，这种橱窗布置特色鲜明，可以更好地达到宣传效果。

温馨提示

专题式橱窗实质上是同类商品的综合展示，围绕一个主题进行，如"新婚用品展示"，商品多而复杂，但必须以青年男女的新婚房间布置为目的，这样既主题突出，又富有生活情调。

4．特写式橱窗陈列

特写式橱窗陈列是运用不同的艺术形式和处理方法，在一个橱窗内集中介绍某一零售店的产品。这类橱窗主要是向消费者突出并较全面地推荐新产品。一般在新产品上市之前，消费者对商品尚未彻底了解，为了系统全面地加以介绍，有必要将其在一个橱窗中单独陈列出来。

● **单一商品特写陈列**。在一个橱窗内只陈列一件商品，以重点推销该商品，如只陈列一台电冰箱或一架钢琴。

● **商品模型特写陈列**。即用商品模型代替实物陈列，多适于体积过大或过小的商品，如汽车模型、香烟模型橱窗，某些易腐商品也适用于模型特写陈列，如水果、海鲜等。

温馨提示

这种橱窗必须重点渲染、衬托，集中表现某一厂家的单一牌号的一种产品或某一牌号的系列产品，目的在于重点展示，树立形象。

5．季节性橱窗陈列

根据季节变化把应季商品集中进行陈列，以满足顾客应季购买的心理特点,有利于扩大销售。但需要注意的是:季节性橱窗陈列必须在季节到来之前一个月预先陈列出来,向顾客介绍,才能起到应季宣传的作用。如冬末春初的羊毛衫、风衣展示,春末夏初的夏装、凉鞋、凉帽展示。

> **案例**
>
> 一家时装店为了更好地销售秋装,给橱窗里的模特穿上店里的秋装,在模特的手上挂上一个篮子,里面盛满松果。在橱窗四周,贴上一些黄叶和枯枝。
>
> 整个橱窗营造出浓烈的秋天的氛围,无声地描述了一个常见的生活情节:秋天到了,大自然散发着收获的气息,姑娘们穿上漂亮的秋装,到郊外去采摘松果。

6. 说明性橱窗陈列

展示卡片或照片。目前,由于新产品上市较快,顾客不熟悉的商品也越来越多,采用写有商品特点、性能、使用方法的说明卡以及写实照片同样也能起到刺激消费者购买欲望的目的。

橱窗布置要点:

● **选择适宜高度**:橱窗横度中心线最好能与顾客的视平线等高,这样可以使整个橱窗内所陈列的商品都在顾客的视野中。

● **协调整体布局**:橱窗设计不能影响店面的外观造型,设计规模应与商店整体规模相适应;注意色彩调和、高低疏密均匀,商品数量适宜,使顾客从远处近处、正面侧面都能看到商品全貌。

● **表现诉求主题**:陈列应先确定主题,无论是多种多类或同种不同类的商品,均应系统地分种分类,依主题陈列,使人一目了然地看到所宣传介绍的商品内容。

● **反映经营特色**:橱窗陈列的商品要有真实感,即必须是本商店出售的,能够充分体现本店特色的畅销商品,这样才能使顾客看后产生购买陈列的商品兴趣。

● **注意橱窗卫生**：橱窗应经常打扫，保持清洁，特别是食品橱窗。同时在橱窗设计中，必须考虑防尘、防热、防淋、防晒、防风、防盗等，要采取相关的措施。

● **陈列更换及时**：橱窗陈列需要经常更换，有时间性地宣传及陈列容易变质的商品应特别注意。每个橱窗在更换或布置时，要停止对外宣传，一般必须在当天完成。

● **艺术感和生活感并重**：橱窗实际上是生活化了的艺术品的陈列室，因此在展现商品的外观形象和品质特征的同时，也要通过一些具体的生活画面，使消费者有身临其境的感觉，并产生模仿心理。

商品陈列的八大绝招

在同一条街上有两家规模一样、经营同类商品的商店，但是，一家生意火暴异常，一家却"门前冷落车马稀"？究其原因，原来商品的陈列不一样，因此产生了截然不同的销售效果。

商品应该如何陈列，才能吸引顾客的注意，使其产生购买的欲望呢？科学而独具匠心的商品陈列方法可以使商品富有生命、焕发光彩，从而促进商品的销售和店铺营业额的提升。

1. 纸箱式陈列

将进货用的纸箱按一定的深度进行裁剪，然后将商品放入其中陈列，可布置成直线、V型、U型等。

适用于此种陈列方法的商品有：
- 广为人知、深受消费者欢迎的品牌。
- 预计可廉价大量销售的商品。
- 大、中型商品。
- 用裸露陈列的方式，难以往高堆积的商品。

 陈列效果

采用纸箱式陈列的方法可以使商品价格低廉的形象及其价格易被传扬出去；给顾客一种亲切感、易接近感；量感突出并节省陈列操作的人力、物力，易补充、撤收商品。

2．投入式陈列

这种陈列方法给人一种仿佛是将商品陈列筐中的感觉。适于此种陈列方法的商品有：

- 中、小型，一个一个进行陈列处理很费工夫的商品。
- 商品本身及其价格已广为人知的商品。
- 嗜好性、简便性较高的商品。
- 低价格、低毛利的商品。
- 不易变形、损伤的商品。

 陈列效果

采用投入式陈列的方法可以将价格低廉的形象及其价格传扬出去；即使陈列量较少，也易给人留下深刻印象；可成为整个卖场或某类商品销售区的焦点，陈列时间短，操作简单；陈列位置易变更，商品易撤收。

3．翼型陈列

即在平台的两侧陈列关联商品的方法。适于此种陈列方法的商品有：

- 主要通过平台进行销售的商品和互相关联的商品。
- 通过特卖销售的少量剩余商品。

 陈列效果

采用翼型陈列的方法可以提高商品的露出度，增加商品出现在顾客视野中的频率；突出商品的廉价性、丰富性，并使店铺给顾客一种非常热闹的感觉。

4．扇型陈列

即接近半圆形的陈列方法。适用于此种陈列方法的商品有：

- 陈列量较少的商品。
- 预计商品的回转率不会很高的商品。
- 希望主要通过陈列效果促进销售的商品。

 陈列效果

采用扇型陈列的方法可以突出商品的高级感、新鲜感；即使商品的陈列量不是很大，也会提高商品的存在感；使顾客对商品的注视率提高。

5．阶梯式陈列

即将箱装商品、罐装商品堆积成阶梯状（三层以上）的陈列方法。适用于此种陈列方法的商品有：

- 箱装、罐装堆积起来也不会变形的商品。

 陈列效果

采用阶梯式陈列的方法容易使所陈列商品产生感染力，让顾客对商品有一种既廉价又高级的印象；此种陈列方法不仅可用在货架端头，还可用在货架内部，可节省陈列时间。

6. 悬挂式陈列

即将小商品用挂钩吊挂起来的陈列方法。适用于此种陈列方法的商品有：

- 中、小型轻量商品。
- 在常规货架上很难实施立体陈列的商品。
- 多尺寸、多颜色、多形状的商品。

 陈列效果

采用悬挂式陈列的方法可以帮助顾客找到商品，并方便顾客购买；修改陈列方便，可随时撤换或更新陈列。

7. 交叉堆积陈列

即一层一层使商品相互交叉堆积的陈列方法。适用于此种陈列方法的商品有：

- 大、中型，可放入箱、袋、托盘中的商品。
- 预计毛利低，回转率、销售额高的商品。
- 希望充分发挥展示效果的商品。
- 陈列量大的商品。

 陈列效果

采用交叉堆积陈列的方法可以提高商品的露出度，增加感染力，并使所陈列的商品具有稳定感，从而提高其销售量。

8. 层叠堆积陈列

即将商品层叠堆积的陈列方法。适用于此种陈列方法的商品有：

- 罐装等可层叠堆积的筒状商品。
- 箱装商品。

● 大、中型，具有稳定感的商品。

陈列效果

采用层叠堆积陈列的方法，即使商品的陈列量不大，也可以给人一种量感，可在保持安全感的同时将商品往高陈列；可突出商品的廉价性及高级感。

商品陈列检验评估表

检验评估项目	是	否	更改建议
陈列位置是否位于热卖点？			
该陈列是否在此店中占有优势？			
陈列位置的大小、规模是否合适？			
是否有清楚、简单的销售信息？			
价格折扣是否突出、醒目并便于阅读？			
产品是否便于拿取？			
陈列是否稳固？			
是否便于迅速补货？			
陈列的产品是否干净、整洁？			
是否在一定时期内保持陈列？			
是否妥善运用了陈列辅助器材？			

卖场氛围营造的四大元素

卖场是导购与顾客共同参加演出的情景舞台。良好的卖场气氛不但可以吸引来往匆忙的顾客，提升店铺的销售业绩，而且可以为整日辛劳的导购提供一个温馨舒适的工作环境。

经研究表明，消费者对商店环境的期望主要有九个方面：
- 舒适，比如商品布局、音乐、温度等；
- 人的类型和数量，指顾客类型和数量以及售货员的充足程度；
- 礼貌友好的售货员；
- 被有明显标志的售货员认识；
- 宽敞的环境；
- 不使人烦躁的环境、灯光、气味、音乐等；
- 最低限度要求的环境，指背景色彩明亮等；
- 固定装置和陈列；
- 售货员在商品方面向顾客建议的水平。

因此，如何利用灯光、音响、色彩以及POP系统等营造满足顾客期望的卖场氛围，是导购人员必须掌握的一项基本技能。

◇ 灯光的选择与运用

卖场灯光除了起到"装饰"和"照明"的作用外，我们还可以充分利用其明与暗的搭配、光与影的配合、光的变化与分布来创造各种视觉空间，从而给顾客创造更优雅舒适的购物环境，这才是卖场灯光的关键。

1. 卖场灯光的选择

在均衡分配商场内的照明亮度时，应以全体照明的店内平均亮度为1，店面橱窗为2—4倍，店内正面深处部分为2—3倍，商品陈列面为1.5—2倍，需加倍亮度的地方只要加上局部照明即可。

- **整体照明**：灯光可突显店内商品的形状、色彩、质感，吸引路人注意，引导其进入店内。因此，卖场灯光的总亮度要高于周围建筑物，以突显明亮、愉快的购物环境，一般平均照明度应该在300—500LX之间为宜。
- **局部照明**：光线可吸引顾客对商品的注意力，因此应着重把光束集中照射商品,并在陈列上方布置五颜六色的灯光,刺激消费者的购买欲望。另外,局部照明能给顾客在心理上造成"安定感"和"领域感",还能制造出店内一个个趣味中心,而把平庸的角落隐在黑暗中。

温馨提示

把形象喷绘图与装饰物作为灯光照射的选择对象,例如,橱柜里的灯光,映照一些小摆设,光怪陆离,幻觉丛生,为店堂烘托出朦胧的美感,在灯光周围还可以放些盆栽花卉,间隙中造成枝叶光影婆娑,为店堂平添几分大自然的气息。

● 橱窗照明:亮度必须比卖场的高出2—4倍,但不应使用太强的光。灯色间的对比度不宜过大,光线的运动、交换、闪烁不能过快或过于激烈。光源隐蔽,色彩柔和,富有情调,避免使用过于鲜艳、复杂的色光。可采用下照灯、吊灯等装饰性照明,强调商品的特色。

2. 光源的位置

不同位置的光源给商品所带来的气氛有很大的差别:

● 从斜上方照射的光,可使光线下的商品像在阳光下一样,表现出极其自然的气氛。

● 从正上方照射的光,可制造一种特异的神秘气氛,高档、高价产品用此光源较合适。

● 从正前方照射的光,不能起到强调商品的作用。

● 从正后方照射的光,能使商品轮廓鲜明,需要强调商品外形时宜用此种光源,在离橱窗较远的地方也应采用此光源。

● 从正下方照射的光,能造成一种受逼迫的、具有危机感的气氛。

在以上不同位置的光源中,最理想的是"斜上方"和"正上方"的光源。另外,对于旧灯具要常换常新,更换一个壁灯、改变一个吊灯灯罩的色彩都可表现出与过去完全不同的气氛。

3．灯光照明的方式

在整体照明方式上，要视店铺的具体条件而配光。在灯光的使用上可采用以下方式：

● **定向照明**：采用制作的灯光设备，将灯光定向透射，引导顾客视线。

● **集束照明**：采用几组灯光交叉射向某处，形成视线的焦点，突出商品。

● **彩色照明**：利用彩色灯泡或彩色光片变化出不同色彩的灯光，使顾客感受到这些鲜艳夺目的商品，从而产生购买欲望。

温馨提示

白炽灯光耀眼而热烈，荧光灯光柔和而恬静，一般商店都是两者并用。从商品色彩来看，冷色(青、紫)用荧光灯较好，暖色(橙、红)用白炽灯更能突出商品的鲜艳。服装、化妆品、蔬菜、水果等使用白炽灯、聚光灯则能很好地突出商品的色彩，创造繁华气氛。

4．防止灯光对商品的损害

若灯光对商品的照射过于强烈，就会出现当顾客拿起商品时发现商品某些部分已褪色、变色的现象，这样不仅失去了商品的销售机会，同时也使卖场的信誉大打折扣。

因此，为防止因照明而引起商品变色、褪色、变质等类似事件的发生，导购在平时应经常留心以下事项：

● 商品与聚光性强的灯泡之间的距离不得少于 30 厘米，以免光线的热量灼烧商品而导致褪色、变质。

● 要经常查看资料和印刷品是否有褪色和卷曲的现象。

- 由于食品在短时间内容易变色、变质，所以要远离电灯。
- 对逐渐暗淡的电灯要在其"寿终正寝"之前提前更换。

⇨ 巧用音乐促进销售

对背景音乐研究表明：备有背景音乐的零售店，顾客的光顾增加15%；音响的强度过高时，顾客于商店逗留的时间将减少；同节奏快的音乐相比，舒缓的音乐将使商店的销售额平均增加30%。可见，背景音乐对于商品的销售同样具有重要的作用。

音响的运用对营造店铺氛围既能产生积极的影响，也能产生消极的影响。音乐的合理设计会给店铺带来好的气氛，而噪声则使卖场产生不愉快的气氛。

因此，在选择所要播放的音乐时，一定要合理搭配音乐的种类与时间：

- 上班前，先播放几分钟幽雅恬静的乐曲，然后再播放振奋精神的乐曲，效果较好。
- 当员工紧张工作而感到疲劳时，可播放一些安抚性的轻音乐，以松弛神经。
- 在临近营业结束时，播放的次数要频繁一些，乐曲要明快、热情，带有鼓舞色彩，使员工能全神贯注投入到全天最后也是最繁忙的工作中去。
- 现代风格的店铺应以流行且节奏感强的音乐为主。
- 儿童用品店可播放一些欢快的儿歌。
- 高档饰品店为了表现其幽雅和高贵，可选择轻音乐。
- 在热卖过程中，配以热情、节奏感强的音乐，会使顾客产生购买冲动。

⇨ 如何让顾客的眼睛放"光彩"

"色是光之子，光是色之母"。正如烟火产生光一样，光又产生了色彩。不同的色彩，给人们的视觉感受是不同的。在寒冷的冬季，红色、橙色等色彩会给人带来温暖感觉，而蓝色、绿色等颜色会在夏季带给人们丝丝清凉。

巧妙利用色彩，不但可以刺激视觉，提升店面层次，而且能起到"5秒钟商业广告"的作用。实践证明，顾客在超市里用大约25分钟的时间浏览五千多种商品，最能吸引顾客购买的因素是色彩。

1．色彩的类型

色彩的类型主要分为冷、暖两种类型，其中冷色调以蓝、蓝绿、蓝紫为主色调，给人以清凉感，甚至感到"冷"；而暖色调以红、黄、橙为主色调，给人以兴奋、愉快、热烈的感觉，感官刺激作用较大。

● **暖色**：红色、黄色、橙色，是在希望有温暖、热情、亲近这种感觉时使用的色彩。餐馆通常运用这些色彩以及烛光和壁炉，以便对顾客的心境产生影响，使他们感到温暖、亲切。

● **冷色**：蓝色、绿色、紫罗兰色，通常用来创造雅致、洁净的环境。在光线比较暗淡的走廊、休息室，以及零售店铺中希望使人感到比较舒畅、比较明亮的其他场所，应用这些色彩，效果较好。

● **泥土类色调**：棕色和金黄色，可以与任何色彩配合。这些色彩同样可以给周围的环境传播温暖、热情的气氛。

2．色彩的搭配及其作用

● 过强的暖色或观看暖色的时间过长，会使人感到疲劳、烦躁和不舒服。

● 色彩的冷暖与光泽有很大关系。光泽强的颜色倾向于冷色，而粗糙表面的则倾向于暖色。

● 巧妙运用色彩的明度还可合成暖色调空间,如黑色高贵、金色华丽、木色亲切、红色热烈,蓝色是为了增添红色的艳丽,红与金完全可以消除黑色的反面作用。

温馨提示

通过不同商品各自独特倾向的色彩语言,顾客更易辨识商品并对商品产生亲近感。这种作用,在零售店铺里特别明显:暖色系的货架,放的是食品;冷色系的货架,放的是清洁剂;色调高雅、肃静的货架上,放的是化妆用品……

这种商品的色彩倾向性,可体现在商品本身、销售包装及其广告上。有经验的人,一看广告的色调,就知道宣传的是哪一类商品。

3. 色彩运用三原则

● 色彩的运用要灵活而富有变化。广告、图片、海报用的颜色以及文字的颜色,都要和季节或具体时间相符。

● 主色调与辅助色调要和谐、完美。在选定某一主色调后,适当地加一些辅助色,可以达到区分不同商品和更生动表达的效果。

● 色彩在运用时要有指示系统的作用,即能够为顾客提供信息,帮助顾客找到想要的东西。

案例

过春节时,一家购物商场选用大红色作为主色调,传达喜气洋洋的感觉;然后在女装区用绿色作为辅助色,给人以春天已经来临的气息;在百货区用黄色,创造积极的氛围;在收银台用金色,象征着荣华富贵。

4. 色彩搭配三注意

● 衬托商品的背景和道具要避免使用同样鲜艳的强烈色彩，以免喧宾夺主。

● 性格对比强烈的色彩，尤其是红色与绿色，不宜等量使用。

● 陈列商品的背景上绘制的各种色彩，不宜与商品色彩太雷同。

⇨ 利用POP为销售加分

每一张海报（POP）就像是一位尽忠职守、默默奉献而不必支付工资的推销员，只要善加运用，就可以使其清楚而完整地传达每位顾客所需产品的信息、销售价格、使用方法等，从而减少卖场在人力、财力、物力的额外支出。

因为商品、大小、结构和设计等不同，POP广告能以悬挂、堆放、粘贴、放置走道旁或卖场的任何地点陈列展示，但不管形式如何、技巧如何，POP广告永远在对消费大众说：就是这里！就是现在！买它吧！

1. POP广告的作用与特点

由于POP符合现代消费者的消费习惯，在现代商业中，越来越起到举足轻重的作用。

● 促进消费者购买冲动，提高零售店的营业额；

● 使消费者和零售店之间形成良好的互动关系；

● 配合时令推出适合于节庆的POP广告；

● 使消费者对零售店的信用留下深刻印象；

● 代替店员说明商品的使用方法与特征；

● 快速、机动展现其他传播、媒体无法表现的长处；

● 零售店可及时制作促销商品的POP广告；

● 节省人力浪费，减少支出；

- 告知新商品上市和广告活动的讯息；
- 吸引消费者对商品的注意；
- 能使消费者产生自由选择商品的轻松气氛。

由于 POP 的以上功能决定 POP 必须具有以下特点：

- **时效性强**：必须仅随商家的计划随时进行变化；
- **形式美观**：能够吸引顾客的注意力；
- **富于创意**：真正起到刺激消费者购买冲动的目的；
- **成本低廉**：只有低廉的成本才不会影响 POP 的大量应用。

2. POP 分类

- **店面宣传 POP**。店面宣传 POP 一般起着吸引顾客、烘托气氛、造热卖场、告之顾客促销活动内容的作用。这类 POP 必须配合店外装饰共同起到营造热卖氛围、吸引路过顾客的作用。

> **案例**
>
> 某商场通过甩卖通知 POP、抽奖活动 POP 等，直接告之顾客所经营的商品种类、特价商品的价格，如同催促顾客快来购买一样。这在心理上给顾客造成了一种比较容易进入、价格低廉、有便宜可占的感觉。

- **店内宣传 POP**。店内宣传 POP 又可分为区域性宣传 POP 和店内宣传单两种。区域性宣传 POP 主要用于某个特定的区域内的促销宣传；店内宣传单是在店内使用的小型 DM 单，多用于配合具体的产品、活动，也可以多张组合张贴，烘托室内销售气氛。

温馨提示

室内宣传单要标明磁石商品、特价商品及促销活动的细则及在卖场的位置，便于顾客找到。多贴于主通路或顾客不易错过的地方，或者放于电梯口及顾客必经的通路口，随便取阅，一般不在店内派专人分发。

● **引导型POP**。引导型POP有两种形式：一种是引导顾客POP，指卖场行走路线的指引POP，一般用于指引收银台位置、服务台位置、包装区位置、卫生间位置等。

另一种是商品选购POP，相当于导购，一般是分区设置，最通用的方法是在天花板垂挂指示牌，便于顾客以最快的速度找到自己想要的商品。

● **商品POP**。商品POP包括商品标价牌，特价、磁石商品POP，畅销商品POP，推荐商品POP，滞销商品POP等，是对商品价格、特性等的指示说明。

温馨提示

◆ 标价牌的信息除了商品信息、生产信息外，最主要是根据商品的特点及促销的重点突出其卖点。

◆ 特价、磁石类商品POP要求尽可能大，尽量多，同时要突出重点；因其毛利率低，主要靠它聚集人气，烘托卖场。

◆ 推荐商品及畅销商品既要考虑价格又要考虑品质，大部分赢利即来于此，这类POP可以阐明品质优秀的特点，在价格上，也要满足消费者的心理，通常的做法是把原价划去，在旁边写上现价，或节省的百分比。

◆ 滞销商品POP一般指甩卖POP，这类POP可以在上面写明甩卖的原因，以增强消费者出手的信任度。

3．手绘POP广告的制作

当POP广告仅仅是用来促进销售的时候，大多数是由超市经营者自己来操作，所以一般都较为简单，从而形成手绘POP的形式。手绘POP的制作一定要遵循醒目、简洁、易懂的原则。

● **纸张**：色彩的应用要恰到好处，突出季节感，如春天可以使用粉色调；夏天可以使用蓝、绿色调；秋天可以使用橙、黄色调；冬天则可以使用红色调。

● **书写**：所选字体一定要极具亲和力，字体颜色搭配要合理，字体大小及颜色轻重要与促销活动的重点一致。

● **内容**：简洁易懂。其措辞风格应该直接反映商品特性、用途、面对的消费者群体特点，比如儿童玩具类的POP广告应该活泼可爱。

4．POP广告的设置与摆放

POP广告的摆放是否具备科学性，直接影响到其使用效果，因此，在POP广告设置过程中需要注意以下几方面的问题：

● **高度合适**。悬挂式POP，悬挂高度既要避免因距离商品太远而影响促销效果，又要防止遮挡消费者的视线；张贴式POP，则张贴的高度在距离地面70—160厘米的高度范围内比较合适。

● **数量适中**。POP广告并非越多越好，数量过多的POP广告会让人产生厚重感、压抑感，遮挡通道内的消费者视线，影响购物心情，产生适得其反的效果。

● **时间恰当**。POP广告设置时间要与促销活动时间保持一致。过期的POP广告要及时清理掉，以免给消费者造成消费误导。

● **摆放合理**。如果要把POP广告放在橱窗或者货架上，要避免遮住商品；如果把POP广告直接贴在商品上，要注意POP广告的尺寸不能比商品本身还大，一般应该粘贴在商品的右下角。

● **及时更新**。POP 广告在使用过程中需要保持清洁整齐，如果有撕毁现象，应及时更换或擦新。

第二部分
导购营业员必备技能

第四章

洞悉顾客心理——找到打开顾客心扉的钥匙

俗话说"萝卜白菜，各有所爱"。不同的顾客对商品的需求不同，如年轻的顾客有求美、求新心理，而年纪大的顾客则多讲求实用。我们应根据顾客的要求满足他们多方面的需求，其中的关键是洞悉顾客心理，抓住顾客的心态，而不是提供单纯的例行性销售服务。

满足顾客需求是导购进行销售活动的根本目的，也是获得销售利益的根本途径，是商业活动的宗旨。出色的导购应该懂得分析顾客的购买特点，了解顾客的消费心理，增进与顾客之间的良性关系，这样才能更好地为顾客服务，进一步提高店铺的经营业绩和自己的销售成绩。

那么，我们怎样做才能把握顾客的消费需求呢？这就需要导购找到一把打开顾客心扉的钥匙，学会洞悉顾客的心理。

瓦那美卡与手套

一天,一位妇女走进百货商店向女店员问道:"有没有灰色手套?"

"抱歉,已经没有了。"

女店员虽然说了声抱歉,但态度很冷漠,使这位妇女很失望。这时,走过来一位老者,直截了当地对女店员说:"小姐,刚才如果是我,我就能把白手套卖给那位妇女。"

"如果卖不成,怎么办?"女店员满肚子不高兴。

恰巧这时又来了一位妇女:"有没有银灰色的手套?"

这时这位老者迎上前去,以爽朗的声音答道:"很抱歉,刚刚卖完,再过几天才进货。进货前,能不能用白色的替代呢?"

"但是……"

"白色手套更醒目,而且与您的时装更相符。最近,比较流行这种白色。"

面对老者的恳切之情,妇女说:"好吧,我买白色的,不过白手套容易脏。"

"对,白色的确容易脏,这样就要勤洗,我想,如果再有一双可以换的,那就方便多了。"

老先生声调柔和、诚恳,有着令人难以抗拒的魅力。这位妇女听后立即露出了愉快的笑脸,高高兴兴地买了两双白手套。

案例中的老者就是世界著名的百货店大王、"商业道德"的创始人——瓦那美卡。所谓"难者不会,会者不难",女店员一天卖不出去一双白手套,而瓦那美卡不费吹灰之力,就将两双白手套卖给同一位顾客。

由此看来,导购只有了解了顾客的消费心理,并针对不同的顾客需求采取适当的应对措施，才能真正洞悉顾客的心理，更好地说服顾客，并激发顾客潜在的购买欲望。

把握顾客的消费心理

顾客的购买行为是一个动态的、交互式的过程，而且其购买决策的有效性会随着顾客的特点及其消费心理的变化而变化。

因此，导购应随时洞察顾客的心理活动，利用品牌形象、面对面交流、顾客参与等机会，引发顾客对产品的关心与注意，激发那些已存于顾客身上的潜在需要，并促使他们做出最终的购买决定。

◇ 顾客需求的五个层次

美国心理学家马斯洛认为，人们的需求是以层次的形式出现的，并从低级需求开始逐渐向上发展到高级需求；当较低的需求得到满足后，人们就开始追求更高层次的需求。这样就形成了一个"金字塔"式的人类需求层次。顾客的购买需求也可以按照这一"金字塔"来划分：

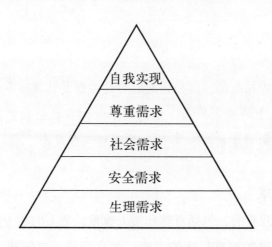

1. 生理需求

生理需求是人的第一需求，也是人最基本的需要，是为支持生命所需，包括衣、食、住、行等与生理有关的各种需要，这是人类赖以生存的基本条件。

一般来说，人们只有先满足了这种最基本的生理需要，才会有其他更高层次的需要。

2. 安全需求

安全需求是指人们在寻求保护自己免受生理、心理侵害的需求，包括人身的安全、经济的稳定以及有秩序、可预知的环境安全，如工作及职业的稳定等。

这是在生理需求相对满足的基础上产生的需求。

3. 社会需求

社会需求一般包括归属和爱的需求，是较高层次的需求，它是指人们通过社会交往以获得归宿感和认同感，即人们希望自己归属于某个团体，从而作为团体的一员得到他人的友谊、忠诚、信任、爱情、理解和交往的机会等。

温馨提示

中老年服装的礼品化、高档化是因为这类服装已逐步不再需要中老年本人购买。50岁以上的中老年人，他们的子女大多已经独立，逢年过节购买服装作为礼品，同时也改变一下父母的低档消费观念，爱心自在其中。

4. 尊重需求

尊重需求是双重的，包括自尊和被人尊重，是人们在上述三种需求得到基本满足之后出现的更高层次的需求，如自豪感、自信感、受人尊敬和赞美、有一定的社会地位和权利、具有一定的影响力和号召力等。这种需求可以使人获得某种心理上的满足和安慰。

5. 自我实现的需求

所谓自我实现的需求，主要指人们实现自己潜能的需求，这是人类最高层次的需要，包括使命感、成就感等。这一层次的需求使人们力求充分发挥潜能，实现志向和抱负，最大限度地变成他认为可能变成的那种不平凡的人。

温馨提示

人们为掌握知识和技能，以使自己能够更好地施展才华而进行的各种消费活动，都是实现自我需求的表现。

如平时人们在家穿着随便，上班就会衣帽整齐，男士西装革履、领带皮包，一副事业有成的样子；女士西装套裙、典雅大方，"巾帼不让须眉"，生怕同事和经理小看了自己的能力。

如果导购能将上述需求层次理论运用到销售活动中，就会有利于抓住顾客的消费心理和消费类型，具有针对性地开展促销活动，提高自己的工作效率。

◇ 顾客的两大购买动机

购买动机是引导顾客购买活动指向一定目标，以满足需要的购买意愿和冲动。这种购买意愿和冲动是十分复杂、捉摸不透的心理活动，从其表现来看，可以将消费者的购买动机归纳为两大类：理智动机和感情动机。

1. 理智动机

理智动机是顾客在对某种商品比较熟悉的基础上进行的理性抉择和购买行为。拥有理智动机的多是那些具有比较丰富的生活阅历、有一定文化修养、比较成熟的中年人，他们在生活实践中养成了爱思考的习惯，并把这种习惯转化到商品的购买当中。

人们在理智动机的驱使下，又可以产生以下消费心理：

● **求实心理**。顾客在选择购买时不过分强调商品的美观悦目，而立足于商品的最基本效用，以朴实耐用为主，偏重商品的技术性能，而对其外观、价格、品牌等的考虑则在其次。这类顾客往往对时尚产品兴趣不大。

● **求廉心理**。以追求商品的低价格为特征，同样品牌的商品，同一类型的商品，或在商品功能、外观、质量相似的情况下，消费者会尽量选择价格最低的那种商品。折扣券、大拍卖之所以能牵动千万人的心，就是因为"求廉"心理。

此类顾客多受支付能力的限制，导购推荐商品时要考虑他们的经济能力，使他们有限的资金都能用到有效的消费上，切忌华而不实的消费。

● **求美心理**。顾客在选购商品时，不仅仅关注商品的价格、性能、质量、服务等价值，而且关注商品的包装、款式、颜色、造型等形体价值，强调商品的艺术美。

这类顾客对审美要求比较高，往往以产品是否符合个人的审美标准为出发点。导购在推荐商品的时候，一定要从审美的角度出发让顾客有更自主的选择和比较。

● **安全心理**。顾客的自我保护和环境保护意识越来越强，对产品安全性的考虑越来越多地成为其选购某一商品的动机。"绿色产品"因为适合这一购买动机而具有十分广阔的前景。

● **方便心理**。省时省力是人们的自然需求，因此，使用方便、购买方便的商品将更多地受到顾客的青睐，如遥控电视、"傻瓜"相机以及一应俱全的超级市场等正是适合了顾客这一购买动机。

● **保障心理**。对许多顾客而言，所购商品有无良好的售后保障成为左右其购买行为的砝码。为此，商家应提供详尽的说明书，进行现场指导，并及时提供免费维修，以解除顾客的后顾之忧。

2. 感情动机

感情动机是由人的感情需要而引发的购买欲望和购买动机，又可细分为情绪动机和情感动机两种。

● **情绪动机**：大多是由于人们的好奇、好胜、快乐和感激引起的，这种动机一般带有某种冲动性，具有不稳定的特点。针对这种购买动机，导购在销售时就要营造顾客可以接受的情绪背景。

● **情感动机**：大多是由荣誉感、集体感、道德感、美感等人类高级情感引起的，比如为了友谊的需要而购买礼品。这类购买动机的特点是具有较大的稳定性和深刻性，往往可以从购买行为中反映出购买者的精神面貌。

人们在感情动机的驱使下，会产生以下消费心理：

● **求名心理**。这是一种以显示自己的地位和威望为主要目的的购买心理，以追求名牌优质商品或特殊商品为特征，其购买行为多倾向于高档化、名贵化、复古化，如高档轿车、名牌手表等产品正迎合了这一心理。

这类顾客的购买力很强，对品牌要求高，同样对品牌的售后服务也要求很高，导购更应注重名牌产品的售后问题。

● **攀比心理**。这是一种带有争强好胜的冲动情感的购买心理，以追求商品的时髦与新颖为特征。此类顾客在选购商品时，特别关心商品是否时髦与新颖，而对商品的实用性与耐久性及价格的高低并不介意。

这类消费者一般经济条件比较好，他们往往是高级时装、新颖款式的珠宝首饰的主要购买者。导购应对时尚产品知识有所掌握，这样才能成为时尚顾客的好参谋。

● **从众心理**。作为社会人，总有一种希望与他应归属的圈子同步的趋向，受这种心理支配的顾客就会构成后随消费者群。这是一个相当大的顾客群，并以女性顾客为主。

● **尊重心理**。顾客是"上帝"。如果导购真诚地为顾客服务，尊重顾客的购买行为，即便商品的价格、质量有不尽如人意之处，顾客感到盛情难却，也乐于购买，甚至会产生再光顾的动机。

● **癖好心理**。一些顾客尤其是老年顾客，往往根据自己的生活习惯和业余爱好来选购商品，这些顾客的倾向比较集中，行为比较理智，并具有经常性和持续性的特点。

● **猎奇心理**。以追求商品的奇特为特征，这是一种以追求商品超时和新颖为主要目的的心理动机。这类顾客喜欢追求新的享受、乐趣和刺激，喜欢新的消费品，并努力寻求商品新的质量、功能、花样和款式。

奇特的产品必有奇特的功能或工艺，导购应该比顾客熟悉这类产品的生产工艺和它特别的功能，才能够更好地宣传商品。

> **案例**
>
> 一天下午，K服装专卖店来了一对瑞士夫妇，小梅看到他们穿着奇特，估计他们一定喜欢一些造型奇特的服装。
>
> 小梅于是说道："这些古戏装是中国古代的时装，这么有特色的服装其他地方是买不到的，你们一定要试一试啊！"
>
> 这对夫妇非常高兴，试穿后立即购买了两套，并自豪地说："我们回瑞士后举行生日宴会，到时候一定要将这两套特别的服装穿出来，让所有的宾客大吃一惊！"

顾客购物心理的八个阶段

顾客在购物之前都要经过思想酝酿的八个阶段，这八个阶段对任何成交的买卖都是大体相同的：注意→兴趣→联想→需求→比较→决定→行动→满足。导购了解了这一规律，就可以掌握顾客购物时的心理变化，轻松完成交易。

> **案例**
>
> 小刘和几个同事一起逛街，经过一家电器商场的橱窗时看到摆着一台新款的电视机。一个同事说："我知道这台电视机可以浏览三个画面，但不知道能不能接入电脑。"于是大家一起进入商场。
>
> 导购为他们作了详细介绍后，大家都觉得这台电视机不错，尤其是小刘，他刚装修好的房子里正缺一台电视机。但看看价格后，小刘有点犹豫了。
>
> 精明的导购看出了小刘的矛盾心理，于是解释说："这是新产品，功能多，还附带立体音响，虽然价格高了点儿，但还是很划算的……"
>
> 小刘考虑再三，还是觉得很合适，于是就决定购买一台。

1．注意

过往的潜在顾客眺望店铺或店铺橱窗的商品，或者走进店铺观看陈列的商品，都是购买心理过程的第一阶段，我们称之为"注意"。如果导购能引起顾客对产品的注意，就意味着成功了一半。

2．兴趣

盯住商品的顾客，有人离开，但也有人因为对商品感兴趣而止步。顾客的兴趣来源于两个方面：商品（品牌、广告、促销、POP等）和导购（服务使顾客愉悦）。这时他会触摸或翻看商品，同时可能向导购问一些他所关心的问题。

3．联想

当顾客对某一商品感兴趣时，会进一步想像该商品能给自己带来哪些益处，能解决哪些问题，对自己会有什么帮助。联想决定着顾客是否需求，是否喜欢，因此这一步对顾客是否购买影响很大。

顾客看到店铺陈列的商品时,不禁会产生这样的联想:这次旅行如果能穿这件羊毛衫,一定魅力倍增;这个窗帘如果装饰在我的房间,一定能为我的生活增添更多的浪漫情怀。

4. 欲求

顾客若将其联想延伸,就会产生购买的欲望和冲动。即当顾客询问某种商品并仔细端详时,就已经表现出他非常感兴趣、有购买的欲望了。当然,顾客还会产生这样的疑虑:这对我来说是最好的吗?难道没有更好的吗?

5. 比较

顾客将该商品与曾经看到过或了解过的同类商品在品牌、款式、性能、价格、质量等方面进行比较分析,以便作进一步的选择。也许有些顾客这时会拿不定主意,导购就要适时向顾客提供一些有价值的建议,帮助顾客下决心。

处于比较阶段的顾客总是对供挑选的商品产生困惑,因为他们正有求于良好的建议和指导。假如这个时候导购无法顺利地引导,顾客将选择和家人研究看看而掉头离去。因此,比较阶段对导购而言,应对技巧相当重要。

6. 决定

在进行了各种比较和思想斗争之后,大部分顾客会对商品产生信任感并决定购买。影响信任感的因素有:相信导购(导购的优秀服务和专业素质);相信商店(商场信誉不佳会使顾客犹豫不决);相信商品/企业(企业的品牌和信誉)。

7. 行动

行动，即顾客下定决心购买，把钱交给导购："就这个吧，请把它包起来！"此购买行动对卖方而言，是期盼已久的重要时机。成交之所以困难就在于掌握时机，一旦时机消逝，即使畅销品也会变得滞销，喊出"跳楼大拍卖"也不管用。

8. 满足

即使收了顾客的钱，成交行为还不能算完全终了。导购必须将顾客所购物品包装、找零并送到顾客手里，使顾客在购物后有满足感。一般来说，购物的满足感有如下两项：

购物终了时的满足感 { 为买到好商品而感到满足 / 为导购员热情、周到、专业的服务而感到满足

使用购买品时的满足感

当顾客带着满足感走出店铺，必将折服于导购高明的销售技巧和热情周到的服务，日后也必将成为店里的老主顾。

序号	阶段	顾客行为	导购行为
1	注意	注目	容易看到，容易进入
2	兴趣	止步	具有吸引力的展示
3	联想	注视特定商品	接近顾客，了解动机
4	欲望	浏览	将商品呈现在顾客面前
5	比较	注意价格及其他商品	商量、建议
6	信念	拿起商品	强调销售重点
7	行动	购买	成交，继续要求一些关联商品
8	满足	高兴离开	将商品包装，收银道别

⇨ 顾客消费需求新趋势

随着我国经济发展水平的提高和人们收入的增加，渐渐出现了以下一些新的消费趋势：

1．追求个性化消费

顾客在购物时，开始更多地考虑个人喜好，追求与自己的地位、身份、习惯相适应的东西，把商品视为自己个性的延伸。

> **案例**
>
> 现在的年轻人开始追求时尚和个性化的商品，以使自己显得与众不同，为此，他们愿意出较高的价格购买一些时尚化的商品。如白领女性为了显示自己的地位和身份，会经常购买高级化妆品来装扮自己。

2．追求高质量、高水平的消费

随着我国经济的发展，生活水平已经有了极大提高。这时，人们已经不再满足于吃饱穿暖，而是开始追求高品质、高水平的商品或服务，希望买到称心如意的商品，以体现自己的情趣和爱好。

3．追求精神和心理上的满足

这是人们在经历数量满足、质量满足之后的又一需求倾向。因为随着基本生理需要的满足，人们已经不再只是为了吃、喝、穿而到处奔波，他们已经意识到精神和心理方面的需要，迫切希望能够在这方面有所补偿。

温馨提示

如今，表现在吃的方面，人们不再满足于吃饱，而是追求品位和精神愉悦，由此产生了"饮食文化"、"酒文化"、"茶文化"等全新概念的消费，从而也对店铺经营管理和相关服务提出了更高的要求。

不同个性顾客的消费差异

俗话说，百人吃百味。每个人的性格不同，购买商品时的方法也不一样。比如有的顾客内向含蓄，导购在接待时就要谨慎、稳重地为其服务；有的顾客认死理、抬死杠，导购在接待时就要尽量委婉、圆润地避开一些容易引起纠纷的话题……

总之，导购要根据顾客性格和消费心理的不同，采用不同的方法妥善接待，使其心满意足，达到销售商品的目的。

◇ 忠厚老实型顾客

这是一种毫无主见的顾客。该类顾客友好且对所说的富有同情心，无论导购说什么，他都点头微笑，连连称好。因而，即使导购对商品的说明含混带过，他还是会购买。

在导购尚未开口时，这类顾客会在心中设定"拒绝"的界限，但当导购进行商品说明时，他又认为言之有理而不停地点头称是，甚至还会加以附和。虽然他仍然无法使自己放松，不过，购买达成是基本没问题的。

温馨提示

面对这种顾客，导购不要陷入友情，要每次见面均有收获，要一次次地组织好会谈且能坚定而又礼貌地结束会谈。会谈时关键是要让他点头说好。你可以这么问他："怎么样，您不想买吗？"这种突然发问可瓦解其防御心理，顾客在不自觉中就完成交易了。

◇ 冷静思考型顾客

这类顾客遇事冷静、沉着、思维严谨，不易被外界所干扰，有时甚至会以怀疑的眼光观察对方，有时则会提出几个问题。也许是过于沉静，这类顾客往往给导购以压抑感。

不过，从心里说，这类顾客并不厌恶导购，他只不过不愿过早地暴露自己的心态。他要通过导购的介绍来探知其为人及其态度真诚与否。

通常，这类顾客大都具有相当的学识，且对商品也有基本的认识和了解。因而，导购在介绍时需注意以下几点：

● 必须从商品的特点着手，谨慎地应用逻辑引导方法，多方举证、比较、分析，将商品特性及优点全面向顾客展示，以期获得顾客的理性支持。

● 注意倾听顾客所说的每一句话，且铭记在心，并诚恳而礼貌地给予解释，用精确的数据、恰当的说明、有力的事实来博得顾客的信赖。

● 同时还可以与顾客聊聊自己的个人背景，让顾客了解你自己会使他放松警戒并增强对你的信任感。

◇ 内向含蓄型顾客

内向含蓄型顾客生活比较封闭，对外界事物反应冷淡，不愿应酬，甚至有些神经质，对自己的小天地内的变化异常敏感。这类顾客在面对导购时反应不大，对导购的态度、言行、举止异常敏感，并且讨厌导购的过分热情。这类顾客多具有这样的心理特点：

● **自卑**。在不服输的感情受挫之后，自信心完全丧失，对任何事都不感兴趣。

● **害羞**。怕见生人，遇到导购，心里总嘀咕着："他会不会问一些令人尴尬的事呢？"同时，由于他又深知自己极易被导购说服，因而总害怕导购在自己面前出现。

应对策略

应付这类顾客，导购必须谨慎而稳重，细心地观察其情绪、行为方式的变化，坦率地称赞其优点，并与之建立值得信赖的友谊。不过，在交谈中，你也可以稍微提及有关他工作上的事，其余私事则一概莫提。但你可谈谈自己的私事，改变一下谈话环境，促使其放松警戒心。

◆ 圆滑难缠型顾客

圆滑难缠型顾客的特点是老练、世故、难缠，许下诺言但很难兑现。和导购面谈时，总是先固守阵地以立于不败，然后向导购索要各种各样的资料和说明，并提出各种尖刻的问题。同时，还会提出各种附加条件，等条件得到满足后，他又找借口继续拖延、砍价。有时还会以声称另找地方购买相威胁。

这类顾客如此做法不外乎有两个目的：

● 试探你，检查你的推销水平；
● 确实想获得一定的购买优惠。

对此，导购一定要有清醒的认识，决不可中其圈套，因担心失去顾客而主动减价或提出更优惠的条件。

应对策略

针对这种顾客，导购应观察看其购买意图，然后制造紧张空气(如存货不多、即将调价等)，使顾客认为只有当机立断、马上购买才会有利可图。

对于顾客所提出的各个苛刻条件，导购应尽力绕开，不予正面回答，而要重点宣传自己商品的功能及优点。有时制造些僵局也是有必要的，至少让顾客觉得导购已做出了最大让步，这样，顾客自然会先软下来。

不过，导购应学会缓解僵局，不能由此而失去顾客，反而因小失大。

吹毛求疵型顾客

这类顾客对任何事情都不会满意，不易接受别人的意见，喜欢挑毛病，鸡蛋里挑骨头、抬死杠、认死理，一味地无理争辩，绝不服输，争强好胜。

一般而言，吹毛求疵型的人大体有三种情况：

● **不认输**。通过攻击对方来获得优越感，掩盖自己的弱点，乃至消除自卑。

● **旁观者清**。一般都是无意购买者，但他们愿意在旁边指手画脚，攻击别人的缺点。

● **自以为是**。这种人固执，自尊心强，不愿承认别人的意见是正确的。

无论如何，导购千万不可以和这类顾客正面交火。事实上，你是永远无法把他说得心服口服的，不过，你可以采取迂回战术，假装争辩几句，然后宣布失败，心服口服地称赞对方高见，体察入微，独具慧眼。

经过这番吹捧，顾客肯定会更加肆无忌惮，再发泄一阵，以示自己真的这么高明。不过，时间不会持续太久，很快，他便有些不好意思，甚至心虚。这时，导购抓住时机，引入推销正题，并顺便给他戴几顶高帽子，定能成交。

生性多疑型顾客

生性多疑型顾客爱对周围的事物产生怀疑，其中包括导购及其产品。无论导购怎么向他介绍，他也不会相信。有时，他会上下打量你，显得不信任；有时会盯着你，仿佛要把你看透；有时则会神秘地冲你笑笑，好像你对他隐藏了什么而他已看破似的。

这种顾客的心中，多少有些个人的烦恼，如家庭、工作、金钱方面等，因此常将怨气出在导购身上。或许，更为主要的是他以前上过当。上过当的人以后都变得十分谨慎。俗话说"一朝被蛇咬，十年怕井绳"，这类人遇事会小心翼翼以防再次上当受骗。

应对策略

对这类顾客，导购应以亲切的态度与之交谈，千万不要和他争辩，更不能向他施加压力。进行商品推介时，要态度沉着、言语恳切，而且必须观察顾客的困扰处，以一种朋友般的关怀询问："我能帮您忙吗？"等到他已完全心平气和，再拿出有说服力的证据，如权威的评价，有关单位的鉴定等，使其信服。

这类顾客有时会因一句话不合拂袖而去。能否使他乐意地听你介绍商品，取决于你是否具备专业的知识与才能。

不同性别顾客的消费差异

顾客的消费行为会因性别的不同而有很大的差异。比如，女性顾客出门购物前就会周密考虑自己的购物计划，而购物过程却像休闲娱乐一样缓慢随意；男性顾客在购物时却会显得雷厉风行，迅速快捷。

◇ 女性顾客

如此细致的服务才适合挑剔的女士们

一位显然在闲逛的年轻女士，路过货架时突然停下脚步注视一件衣服，同时问道："这种颜色的衣服有大号的吗？"女性是购物的内行，加上她并没有明确的指向性，导购要想促成交易，就必须满足"有大号"外的多种需求，介绍商品时绝不能过于简单。

> 导购答道:"有大号,请问您自己穿吗?"
>
> 女士:"是的。"导购从货架上挑了一件拿给她,并说:"这是薄型羊绒衫,透气、保暖,而且不起皱。您摸摸这柔滑的质地,很适合现在这个季节穿。"
>
> 导购又把羊绒衫展开比到顾客的身上说:"这种羊绒衫的颜色非常漂亮,很适合您的肤色,而且它的款式设计也很有时代感。来,您到这边的镜子前照一下。"

女性顾客是商品的主要购买者,所以导购应该特别重视这一类顾客,要给予她们耐心周到的服务。如果你赢得了一个女顾客的信任,那么带回来的将不止是一个回头客。一般而言,女性顾客在购物时有如下特点:

1. 易受外界影响,冲动性购买

由于女性顾客的感情丰富,富于幻想和联想,在选购商品时就表现为易受感情左右。现场气氛、广告宣传、商品包装、陈列布置、导购的服务态度及他人的购买行为都会对她们产生影响。一般而言,女性逛商店多是无目的的,事先没有计划。

2. 追逐时尚潮流,注重外观

追赶时髦和注重外在的美感是女人的天性。她们喜欢购买名牌化妆品和减肥、抗衰老产品;对季节的变化相当敏感,都渴望比他人抢先换上季节性服装;在挑选商品时,更侧重于外观和包装设计,也会凭着对颜色、式样的直觉判断出商品的好坏。

3. 挑剔,精打细算又贪图便宜

虽然女性会因为爱美而大大增加她们的开支,但在购物时要比男性更懂得精打细算。她们购买商品时会左思右想,对同类型商品要货比三家;她们对价格变化极其敏感,并对打折优惠的商品怀有浓厚的兴趣。

4. 仰慕虚荣,盲目攀比

虚荣和攀比之心在女性购物时表现得非常充分。比如同伴买了一支50元的口红,她们必定也要买上一支;邻居买了一架钢琴,她们就会想"难道我家没有你家阔气,我一定要买一架超豪华型的"。"你有,我为什么不能有"几乎是女性消费者的共同心态。

鉴于以上特征,导购在接待女性顾客时,一定要注意选择恰当的接待方式:

● 女性顾客容易感情用事。因此,与女性顾客交流时,最重要的是态度大方、服装整洁、谈吐文雅,以干脆利落的姿态进行销售。

● 女性顾客爱慕虚荣。要想博得女性顾客的好感,导购必须善于评价对方。比如说对方容貌美丽,孩子聪明伶俐,穿着时尚新颖等。

● 女性顾客做事优柔寡断,因此导购不能用强迫性的口气来说"你应该这样",而要以爽朗、明快的态度请她的同伴帮助决定。

● 女性顾客惟我独尊的个人观念比较强烈,因此导购要让顾客感觉到"我是特意来为你服务的"。这是一种比较有效的销售方式。

● 女性顾客对于利害得失问题非常敏感,导购可以采用"物美价廉"和"经济实惠"的暗示方式与其达成交易。

◇ 男性顾客

 案例

为男士们提供明确快捷的销售服务

一位匆匆而来的年轻男士直奔货架前,同时问道:"这种颜色的衣服有大号的吗?"显然,他已经事先看过、咨询过,只是有急事要走。导购要针对男性顾客提出的问题做出明确的回答。

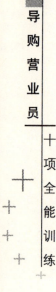

> 导购答道:"有大号的,请问是多高的人穿?"
> 男士:"一米七吧。"
> 导购从货架上挑了一件拿给顾客,说:"这件可以吗?您看看。"
> 待男士拿到手里,导购又问:"您是想要一件吗?"
> 男士:"是。"
> 导购说:"那我就给您开票了,请到那边收银台付款,我帮您把衣服包装起来。"

相信这样的场景在店铺里是经常可以看到的。因为,与女性相比,男士们多数是有目的购买和理智型购买,选择商品以其功用、质量、性能为主,价格因素的作用相对较小,且希望迅速成交,对排队等候更是缺乏耐心。

1. 购买目的性极强

由于传统和生理的原因,男性需要承受比女性更多的社会责任,所以他们不会像女性一样花费大量时间去逛街购物,很多时候他们是因为受了他人的委托,或是非买不可的情况下才会去购物。在购买之前,他们通常会先作一个购买计划。

2. 购买行为果断、迅速

男性较为独立、自信,在购买商品时也会比女性更为果断,他们极少有耐心去精心挑选和详细咨询。男性自尊心强,好胜,非常要面子,因此在购买时不愿斤斤计较,讨价还价,以免失去男子汉风度。特别在与异性同伴一起购物时,他们更显得豪爽、大方。

3. 理智,缺乏感情色彩

男性顾客求实、求稳的心理倾向明显强于女性。他们善于从总体上评定商品的优缺点,注重商品质量、性能等方面的要求,往往会在购买前作一番调查了解，丰富自己的知识。男性顾客一旦选择了购买对象，就不会轻易改变和动摇。

在接待男性顾客时，导购应注意动作迅速，言语简捷，力求整个销售过程明确、直接，切中要点，这样才能迅速成交。当然，针对不同年龄段的男性顾客，其接待重点也会有所不同：

● **单身男青年**：这些顾客具有强烈的时尚、个性和冲动心理，导购要针对这种心理，以个性化的服务方式和新奇刺激的销售方法，满足他们追求美、高品位、高时尚的需要。

● **已婚男青年**：这些顾客的消费需求倾向于实用性、超前性、艺术趣味性，因此导购应把握他们普遍追求新潮、科学实用且购买量大、时间集中的购物特点，营造艺术性、趣味性、情爱色彩浓烈的购物氛围。

● **男性老年顾客**：这些顾客购物时间长，动作迟缓，经常提出带有试探性的问题，并希望得到良好的服务和应有的尊重，因此导购应提供更多、更实际和更细心的服务。

不同年龄段顾客的消费差异

不同年龄段的顾客有着不同的消费心态和消费行为模式。导购应充分认识这一点，以便采用适宜的应对方法。

⇨ 青年顾客

青年顾客指 15 岁到 35 岁之间的顾客。其主要特点是人数众多，分布广泛、均匀，具有独立的购买能力和较大的购买潜力，是消费活动的主体部分之一，也是所有企业竞相争夺的主要消费目标。

1. 青年顾客的消费特点

青年顾客具有强烈的生活美感，追求品牌，求新、求奇、求美的心理较为普遍，对消费时尚反应敏感，喜欢购买新颖、流行的产品，往往是新产品的第一批购买者。

● **追求时尚**。青年人富于幻想，勇于创新，喜欢追随时代潮流，反映在消费需求方面就是追求新颖、时尚，追赶甚至引领消费潮流。一般情况下，投入市场的新商品或时尚商品，都会引起青年顾客的极大兴趣和购买欲望。因此，青年顾客是新商品和新的消费方式的追求者、尝试者和推广者。

● **突出个性**。15—35岁是人生的黄金阶段，处于这一阶段的青年追求个性独立，希望形成完美的个性形象，自我意识迅速增强。这些反映在消费需求上，就是喜欢个性化的商品，有时还把所购商品同自己的理想、职业、业余爱好、时尚追求、性格特征等联系在一起，力求在消费活动中充分表现自我。

● **科学消费**。青年顾客大多精力充沛，思维敏捷，具有一定的文化水准，因而在追求时尚、表现个性的同时，更善于对商品的知识性和科学性进行全面分析，理智地决策。因此，青年顾客在选购商品时盲目性较少，购买动机及购买行为表现出一定的成熟性，追求商品的经济实用、货真价实。

2. 青年顾客的接待技巧

导购要迎合此类顾客的求新、求奇、求美的心理进行介绍，尽量向他们推介公司产品的流行性、前卫性，并强调公司产品的新特点、新功能、新用途。

● **单身贵族**：单身贵族内心虽然孤独、苦闷，但表面上看却是十分开朗的，由于一个人过日子，经济上较为宽裕，购买东西通常较为痛快，只要符合需要就会购买。

● **年轻情侣**：女性顾客的发言作用较大，因此导购应主要面向女性顾客，向其介绍最新时尚潮流，并适度赞美对方，营造和谐气氛。

● **年轻夫妇**：年轻夫妇经济上稍感拮据，但他们思想乐观，想要改变现状，因此，如果导购能表现出诚心交往的态度，他们是不会拒绝的。

温馨提示

在与年轻夫妇的交谈中，不妨谈谈彼此的生活背景、未来及情感问题，这种亲切如故的谈话容易刺激他们的购买欲望。最后，要考虑到顾客的经济承受能力，在进行商品说明时，以不增加顾客的心理负担为原则。

◇ 中年顾客

中年顾客指35岁到50岁的男女顾客。中年顾客既拥有家庭，又有安定的职业，他们希望能拥有更好的未来，努力使自己的生活变得更自由自在。他们希望家庭生活美满幸福，并愿意为家人奋斗。他们自有主张、决定的能力，因而，只要商品品质优良，他们会毫不犹豫地买下。

1. 中年顾客的消费特征

中年人处在人一生的中间阶段，这一时间跨度较大，消费也呈现出较大的差异，但他们由于生理机能与社会生活都进入了一种比较稳定的时期，所以与青少年相比，中年人的消费也呈现出一些突出的特点：

● **重视家庭消费**。中年人是家庭的支柱，他们大多已成家立业，上有老下有小，自己的收入不仅是满足个人的需要，更多的是为了提高整个家庭的消费水平。因此他们的消费中理性成分比重很大，要量入为出，精打细算，要对家庭的各种消费进行平衡。

温馨提示

中年人是家庭消费的决策者、购买者、消费者、使用者，并且家庭中其他成员的消费也往往由其代理，如儿童的消费，中年人既是决策者也可能是购买者，老人的消费，中年人也是很重要的参与角色。因此导购一定要重视并积极开发这一消费层。

● **稳定性强，不易冲动**。稳定性强主要表现为习惯性购买和较高的品牌忠诚度。

中年人对事物的判断比较成熟，很少冲动，表现在消费上，则是对消费品或品牌的选择上具有较强的稳定性，不会随便去尝试新的产品或品牌，因此具有较高的品牌忠诚度。

中年人正处在人生中压力最大的阶段，工作是其生活中最重要的部分，时间和精力往往会感到不足，所以倾向于习惯性购买，这样也形成了其较强的品牌忠诚度。

● **重视消费品的质量**。中年人对事物有自己比较成熟的看法，可以通过理性分析对消费品做出较准确的判断。中年人的理性往往表现在对质量的评价上，由于生活和消费的经历丰富，中年人对消费品的质量特别重视，一项研究表明，52%的中年人把商品的质量放在消费决策因素的首位。即使价格很高或款式普通，也愿意选购质量优良的商品。

2. 中年顾客的接待技巧

导购在接待中年顾客的时候，最重要的是和他们交朋友，获得其信赖。你必须对其家人表示关怀之情，而对其本身，则予以推崇和肯定。同时，说明商品与其灿烂的未来有着密不可分的关系。这样一来，他在高兴之余，生意也就做成了。

温馨提示

这个年龄段的顾客分两种：

一种是高薪阶层的，要对其强调品牌档次、生活环境和职业需要。

一种是一般收入的，要强调产品的安全、健康、品质、价格。

另外，对于有伴侣的中年顾客，男顾客的发言对购买商品的作用较大，导购在接待这样的顾客时，应较多地面向男顾客征求意见："您的意见呢……"

尤其对于中年夫妇，要注意掌握其太太的购买心理（多数先生会听从太太意见）。多说称赞其太太的话语（如"这件衣服穿在您身上很适合"、"这副手饰戴在您手上真美"），但要注意不卑不亢。

同时，不要专对太太说话，冷落其身边的先生，应适当提出购物建议，以调和人际关系。因中年夫妇多数已有一定的经济基础，购买力强，导购还可多介绍一些高价产品。

◇ 老年顾客

老年人处在人生的最后阶段，他们走过了人生的绝大部分路程，也经历了人生的悲欢离合，对社会、对人生都有自己独特而又成熟的看法，他们年轻过，冲动过、叛逆过也保守过，失败过也成功过，对一切都已不再感到新奇。

他们中间有的人已经超越了人间的悲欢离合，可以说是"宠辱不惊"；也有的人还停留在旧的记忆里，或体验自己的成功，或埋怨社会的不平和自己的不幸；还有的人则过着平平淡淡的生活。但不管是哪种人，作为老年消费者，还是存在一些相同的东西。

1. 老年顾客的消费特征

老年顾客喜欢用惯了的商品，对新商品常持怀疑态度，很多情况下是受亲友的推介才去购买未曾使用过的某种品牌。因此购买心理稳定，不易受广告宣传的影响。

● **习惯性购买**：老年人几十年的生活经历使得他们对一些老字号或一些老品牌有着特殊的感情，而不轻易去尝试新的产品。记得我在针织柜工作时，如果有老年顾客光临，他们首选的品牌，一般都是"菊花"、"三枪"之类的老品牌，对于一些新品牌不大感兴趣。因此营业人员在接待老年顾客时，最好推荐一些有一定历史、有一定知名度的品牌，让他们产生"这东西好，我用了大半辈子"的思想共鸣。

● **求实性购买**：老年人不爱幻想，也比较节俭，强调商品经济实用、舒适安全、质量可靠、使用方便，至于商品的款式、颜色、包装则放在第二位考虑。比如在服装方面，营业人员可以建议老年顾客购买款式大方、价格适中、透气吸汗的衣服；在食品方面，营业人员可以建议老年顾客买低糖、低脂、容易消化吸收的食物；在家用物品方面，营业人员可以建议老年人买轻便、操作简单的物品。

● **希望得到尊重**：老年人思维下降、动作稍慢，在购物时间得多、说得多、挑得多，一旦导购表现出不耐烦，他们就会很敏感，认为受到了伤害。营业人员要尊重老年顾客，表现出自然、亲切的态度，说话语调稍低、语速稍慢、动作稍轻、反复示范，不厌其烦地做好服务工作。

2．老年顾客的接待技巧

老年顾客是一个特殊的顾客群体，他们希望购买质量好、价格公道、方便舒适、实用有效和售后服务有保障的实惠型产品。购买时动作缓慢，挑选仔细，喜欢问长问短，对导购的态度反应非常敏感。因此，导购在接待老年顾客时，需要做到以下三点：

● **耐心**：老年顾客一般讲话慢、絮叨，导购一定要耐心，不要因为顾客多、着急，打断顾客讲话。人多时，见到老年顾客可先打招呼，拉近与顾客的距离。在人特别多的情况下，可先向其他顾客讲，这位大爷等半天了，我先接待他。这样，即使你接待老年顾客时间长一些，别的顾客也不会有怨言。

● **放心**：老年顾客的絮叨，购物时的犹豫不决，多数是由于对商品的质量、价格和服务不放心，所以遇到老年顾客来购物，导购首先向他们承诺，有问题可以上门服务，商品有质量问题无条件退货，包教、包会，让老人们切实感到购物没有风险。老人打消了顾虑，购物放心了，提的问题也就少了。

● **贴心**：老人往往会感到孤独，导购讲话时要特别注意使用合适的称谓，语气中要体现出关怀和体贴，雨、雪天，导购应说："路滑，您回去时小心点！"虽然只是很平常的一句话，但体现出商店对老年人的尊重和关怀。同时在服务时，可拣些贴心的话说，让他们在购物时有个好心情。

第五章

商品推介——望闻问切"号"准顾客需求

即使有了质优价廉的商品，如果缺乏推介展示的时机和技巧，商品也只能是空摆在货架上卖不出去。相反，把商品介绍得人见人爱，展示得完美无缺，即便微有瑕疵，也必定会成为店铺里的畅销品。

因此，熟悉你的商品，有技巧地将商品的种种特性在最恰当的时候以最恰当的方式展示、介绍给你的准顾客，引发顾客的购买兴趣，是推销过程中不可缺少的一个步骤，也是导购必须具备的销售技能之一。

世界上独一无二的房子

一对夫妇刘军和郑丽，因为工作调动方面的原因，想把他们自己亲手建造的一栋房子卖掉。有个顾客A来看房子，但在粗粗看了一遍后，A摇着头说："这房子对于我来说偏大了一点，而且价格也偏高，不太合适。"

丈夫刘军笑容可掬地回答说："您先别急着下定论，听我详细跟您介绍，这房子绝对是独一无二的！"于是亲自带着这个顾客详细看了房子的每一个地方，包括房子的电线水管的构造及安装时的设想等细节问题，并根据核实认同的客户要求，一一通过现场介绍给予满足。因为房子是他们自己动手建造的，所以他们对房子的构造和独特之处了如指掌，该说什么，不该说什么，他们都知道得一清二楚。

最后，顾客终于相信他所购买的房子是独一无二的，所以尽管这栋房子有不尽如人意之处，最后还是买下了它。

世界上没有十全十美的东西，商品也一样，但导购可以通过有效的商品推介，展示商品的独特之处，告诉顾客这就是最适合他的。

当然，如上面的例子一样，导购要让顾客认可你的商品，必须先了解自己的商品，对商品独特的卖点进行提炼，同时通过对顾客真正需求的挖掘，进行有效的商品展示，激发顾客的购买兴趣

热恋商品，为展示说明作准备

销售大师有一句这样的话："成功不取决于你的出身、学历、长相，只取决于你爱的程度……"

作为商品的推销者，导购如果不热爱自己的商品，不熟悉它的功效特点，又怎能说服顾客前来购买呢？因此，那些能够积极引导顾客购买的商品知识，导购都应该掌握，即导购一定要成为自己所销售商品的专家。

◇ 把握商品的整体观念

商品的整体观念由三个基本层次组成：核心商品、形式商品（形体产品）和扩大商品（附加产品）。

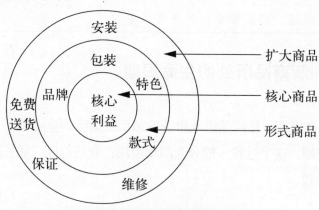

商品整体观念示意图

- **核心商品**：核心商品向人们说明了商品的实质，回答的是顾客需要的中心内容，并为顾客提供最基本的效用和利益。如顾客购买冰箱，是为了通过冰箱的制冷功能使食物保鲜，方便自己的生活。导购在推销商品时，最重要的是向顾客说明商品的实质。

- **形式商品**：即商品的形式，较商品实质具有更广泛的内容，是目标顾客对某一需求的特定满足形式，一般通过不同的侧面反映出来。例如，质量水平、商品特色、商品款式以及商品包装和品牌。商品形式向人们展示的是核心商品的外部特征，它能满足同类顾客的不同要求。

- **扩大商品**：即商品的各种附加利益的总和，通常指各种售后服务，如提供商品使用说明书、保证、安装、维修、送货、技术培训等。实践证明，附加于包装、服务、广告、咨询、运送、仓储中为人们所重视的其他内容才是市场竞争的优势。

知识链接

商品：凡提供给市场的能够满足顾客需求或欲望的任何有形物品和无形服务均为商品。

有形商品：主要包括商品实体及其品质、特色、式样、品牌和包装等。

无形服务：包括可以给顾客带来附加利益和心理上的满足感及信任感的售后服务、保证、产品形象、销售者声誉等。

◇ 判断商品所处的生命周期

商品生命周期，指商品进入市场到最后被淘汰的全过程，也就是商品的市场生命周期。这个过程一般分为四个阶段：介绍阶段、成长阶段、成熟阶段和衰退阶段。

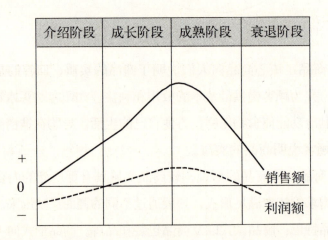

● **介绍阶段**：指零售企业导入该项商品，商品销售呈缓慢增长状态的阶段。在此阶段，销售量有限，几乎无利可图。

● **成长阶段**：指该商品迅速为顾客接受、销售额迅速上升的阶段，商品利润得到明显的改善。

● **成熟阶段**：指大多数顾客已经接受该商品，商品销售额从显著上升逐步趋于缓慢下降的阶段。在这一阶段，同类商品竞争加剧，为维持市场必须加大投入，因此导致商品利润下降。

● **衰退阶段**：指其他新品上市，该项商品销售额下降的趋势继续增强，而利润逐渐趋于零的阶段。

任何一种商品的销售地位和获利能力都处于变动之中。随着时间的推移和市场环境的变化，不论哪种商品最终都将被顾客遗弃，从而被迫退出市场。这种市场演化过程也与生物的生命历程一样，有一个导入、成长、成熟和衰退的过程。

因此，导购必须对所售商品的市场状况进行分析，了解并掌握每种商品所处的生命周期，以便更好地推介商品。

◇ 掌握商品的基本知识

导购除了要对自己所售商品有一定的理性认识外，还要对商品有更加具体的感性了解，包括熟悉商品的构成、操作维护方法、关联和替代商品、对顾客的吸引点、库存状况和市场占有率、商品质量的鉴别等。

● **商品的构成**：包括该商品的名称、品牌、规格、产地和原料、成分等。比如服装类商品，导购应懂得丝、棉、化纤、混纺等原料的特点。

● **操作维护方法**：这种操作维护方法包括商品在使用过程中的一些注意事项，要符合顾客的生活方式，要能在各种情况下都适用，并为顾客讲授和演示。

> **案例**
>
> 小刘是D商场照相器材部的导购，每天接待成百上千的顾客。为了更好地服务顾客，提高自己的销售业绩，小刘利用业余时间专门向专家、同行请教，并购买专业书籍，学习了不少照相器材的相关知识。
>
> 通过实践，小刘总结出一套照相器材的销售法则：一看、二听、三转、四教、五分析。即看相机外观漆、硬件有无损伤，镜头有无气泡、污点；听快门声响是否正常；转动镜头是否平滑，过卷是否轻松。
>
> 在销售照相器材时，小刘会将所有功能都操作一遍，直到顾客学会为止。顾客拍照后，还帮助分析成像质量，告诉顾客正确的操作方法。
>
> 这种销售方式受到广大顾客的好评，小刘的销售业绩也稳居部门之首。

● **替代和关联商品**："替代商品"指顾客希望的商品没有时，导购推荐的一种质量、形状等相似的商品，这种商品必须很接近顾客希望的商品；"关联商品"指与顾客购买的商品有联系的配套商品，比如西装和领带、衬衫，可以增强顾客的购买欲望。

● **对顾客的吸引点**：这是导购推荐商品时有力的解说词，必须能明确地说明商品的特征、优势等卖点，并将这些卖点转化为能给顾客带来的好处。如服装可以使人更有魅力、化妆品可以去皱等。

● **库存及市场占有率**：导购还需掌握所售商品的库存状况、该商品在市场的销售情况、之后的商品动向与价格变动等情况，以便帮助店铺及时调整销售策略，预先采取有效措施。

● **商品质量的鉴别**：是对商品质量的综合性评价。对某种商品的质量要求和鉴别依据可参考国家和相关部门的规定。

一般的商品质量鉴别方法有如下几种：

● 通过感官（尝、闻、看、摸、听）对商品外观质量进行鉴别。

● 对商品商标标志、包装装潢及特殊标志进行鉴别，以确定其真伪或质量等级。

● 利用仪器对商品的理化指标和卫生标准进行检查。

● 对商品的来源渠道、价格等产销方面的信息、资料进行综合分析，以确定真伪。

卖点提炼，帮你吸引顾客的心

"钻石恒久远，一颗永留传"，这句耳熟能详的广告语，道出了钻石已成为永恒之爱的象征，让每一个踏入婚姻殿堂的人产生无限向往。因为卖点提炼得特别好，使得戴比尔斯公司的产品成为全球人结婚用品的首选。

商品的独特卖点，是商品向顾客传播的一种主张、一个忠告、一种承诺。一个好的商品卖点，能够引起顾客的强烈共鸣，并激发他们对商品的关注和好感，从而形成购买行为，提升导购的销售业绩。

商品卖点必须具备三个特征：卖点是顾客所需求的，是顾客所关注的，是具有差异性的。任何商品都应该有自己独特的卖点。要想提炼出商品的独特卖点，首先要放开思维，从营销的各个层面去考虑。

◇ 独特卖点的提炼流程

顾客选购各类商品都会有一个不变的大方向，比如，购买衣服鞋帽是为了使自己的外表显得更加出色；购买办公用品是为了提高公务处理的效率，减轻工作负担……导购可以顺着这个大方向去总结提炼商品独特的卖点，并整理成日常销售时的常用说词。

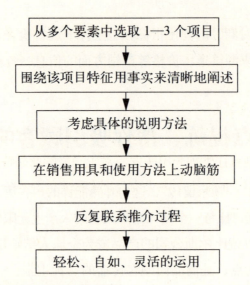

◇ 卖点提炼的四大方法

商品本身可能有不同的卖点，但在特定的阶段我们提炼和传递的独特卖点只能是一个，因为优点说得太多，顾客根本不会相信。而且，你说一个独特卖点顾客记得一个，说三个勉强记住一个，说五个，一个也不记得。

因此，导购在日常销售中，在详细了解商品的前提下，可以根据不同商品的种类，从以下角度去提炼商品独特的卖点：

1. 以品质设卖点

在顾客看来，只有拥有卓越品质的商品，才是值得欣赏和购买的商品，因此导购要充分理解商品品质的重要性。而且，商品的卓越品质是最好的营销点，也是最具说服力的营销手段，没有质量保证的商品只能是昙花一现。

案例

S商场有几个销售袜子的专柜，其中W专柜的销售额每月都比其他专柜高40%，因为W专柜卖的是"划不烂的袜子"。

W专柜的导购向顾客推销袜子时，总是一边解说袜子"划不烂"的原因

（独特的工艺），一边用一根针在袜子的表面划来划去，甚至让顾客自己拿着针在袜子上划，以证明该袜子卓越的品质。

2. 以功效炒卖点

每个商品都有不同的功效，如传真机有记忆装置，能自动传递到设定的多数对象；生发剂可让秃顶长出头发。对于一般的商品特别是医药保健品来说，功效是一个很大的卖点，如果商品拥有稳定的品质，又有显著的功效，那就很容易得到顾客的认可。

案例

一家主要生产A牌胶水的厂家，产品出来后，虽然质量很好，但很少有人知道。为了推广A牌胶水，让顾客都知道它的功效，这个厂家将一块金币用A牌胶水粘在商场的门口，谁能把金币拿下来，金币就归谁。

结果没有一个人能取下金币，而A牌胶水的功效却广为人知，销售量直线上升。

3. 以品牌造卖点

以品牌闻名的商品不一定是高科技商品，但一定是质量过硬的商品，是能给顾客带来更多附加价值的商品，这种商品能使顾客产生一种心理上的满足感或光荣感。因此，如果所售商品的品牌形象处于有利地位，在向顾客推销时，就应该将品牌作为主要卖点。

温馨提示

从企业角度看，品牌最能体现企业文化的精髓，而从顾客角度看，品牌是顾客购买信心的重要来源，是确立顾客购买决策的重要因素。

如生产日用品的宝洁公司，其统一品牌"P&G"下设"飘柔"、"海飞丝"、"潘婷"等多个品牌，因为质量好，加上名牌效应，各个品牌都很受消费者的欢迎。

4．卖点提炼的其他方法

除了以品质、功效、品牌作为商品的独特卖点外，商品优越的性价比、完善的售后服务以及为顾客带来的特殊利益等也可以作为商品的卖点被提炼出来，并展示给顾客。

● **优越的性价比**：就是用最少的钱买到最好的商品。作为顾客都希望用最少的钱买到最好的商品，性价比高的商品自然受到顾客的青睐。因此优越的性价比也是商品一个很好的卖点。

● **完善的售后服务**：随着人们消费观念的日趋理性，消费者已经把商品的售后服务作为商品不可或缺的一部分。对于需要维修保养的商品，售后服务的完善程度将直接影响到顾客的购买行为。

● **商品的特殊利益**：指商品能满足顾客本身的特殊要求，或能为顾客带来其他商品不能带来的特殊利益。在这里，特殊利益是打动顾客的一个重要卖点。

温馨提示

卖点提炼注意事项

◆ 好的卖点来自于终端，服务于终端，要牢记：脱离终端实际，偏离消费者的心理诉求的卖点，是一种空洞的理论逻辑的堆积，是终端推广的大忌！

◆ 卖点提炼要主次分明，要提取那些能在最短的时间内，把商品诉求与消费诉求结合起来的主要卖点。

◆ 卖点要简明，导购必须能用通俗易懂的语言和形象生动的比喻将信息传递给顾客。

需求挖掘：顾客到底买什么

> **案例**
>
> ### 老太太只为买李子吗？
>
> 一位老太太到菜市场买李子，遇到A、B、C三个小贩。
>
> 小贩A："我的李子又红又甜又大，特好吃。您来点儿？"老太太仔细一看，果然如此，但却摇摇头，没有买，走了。
>
> 小贩B："我的李子有大的、小的、酸的、甜的，你要什么样的？"老太太说要酸李子。B说："我这堆李子特酸，您尝尝？"老太太一咬，果然很酸，满口的酸水。老太太受不了了，但越酸越高兴，马上买了一斤。
>
> 小贩C："别人都买又甜又大的李子，你为什么要买酸李子呢？"老太太说儿媳妇怀孕，想吃酸的。C马上赞扬老太太对儿媳妇好，说不定真生个大胖小子，老太太听了很高兴。C又建议买些猕猴桃给胎儿补充维生素，老太太很高兴地又买了一斤猕猴桃。
>
> 当老太太离开时，小贩C说我天天在这里摆摊，每天进的水果都是最新鲜的，下次就到我这里来买，还能给您优惠。

在这个故事中，我们看到了三个小贩面对同一个顾客的三种不同应对方式：

- 小贩A急于推销自己的产品，根本没有探寻顾客的需求，结果什么也没有卖出去；
- 小贩B做了这个工作，但对顾客的需求挖掘得不够深，卖出去一斤李子；
- 小贩C通过一系列很有技巧的提问，挖掘到顾客深层次的需求，卖出一斤猕猴桃。

虽然这三个小贩同样在卖水果，但由于对探寻顾客需求这个关键问题的理解不同，最后造成了销售业绩的差异。因此，在从事商品销售前，导购要尽快了解顾客的真正购买动机，才能向他推荐最合适的商品。那么，怎样才能了解到顾客的购买需求呢？

◇ 察言观色

在多数情况下，顾客会因为各种原因不愿意将自己的期望说出来，而是通过隐含的语言、身体动作、面部表情等表达出来，这就需要导购细心观察，认真揣摩，将顾客真正的购买意图发掘出来。

导购在观察顾客时要不断提醒自己两个问题：

- 走进店里的顾客究竟想选购什么商品？
- 顾客为什么要选购这种商品？

1. 观察顾客的安全距离

在生活中，1米的距离常常被视为安全距离。这种现象反映了人类的一种自然本性：防备心理。出于本能，每个人都会设定一个安全距离以保障自身的安全。安全距离之内的位置只留给特别亲近的人，如亲人和朋友。如果其他人未经许可便随意进入这个范围，就可能会使其产生不舒服的感觉。

因此，导购在观察顾客时，一定要注意保持安全距离，一般是1米。如果顾客一进门就紧紧跟随，超越了顾客安全距离的界限，就会令顾客感到不安。

温馨提示

观察顾客时既要保持安全又要避免疏远，一般保持在3米以内的距离为最佳。凡进入导购视线3米以内的顾客，从他跨入3米线的那一刻起，导购就必须细心观察等候，以便随时为顾客提供服务与关照，避免让顾客有被冷落的感觉。

2. 观察顾客的三大要求

观察顾客不单是为了随时随地为顾客提供服务和帮助，更是为了发现顾客的需求，以便在接下来的推销过程中与顾客进行恰当、有效的沟通。所以，导购在观察顾客时要注意三大要求：

(1) **观察顾客要求目光敏锐、行动迅速**。顾客是我们的服务对象，观察顾客不能表现得太过分，而是要目光敏锐、行动迅速。观察顾客可以从以下角度进行：

年龄：观察其外貌估计其年龄，以便打招呼时选用合适的称呼，例如，顾客是一位四十多岁的女性，可以称她大姐；顾客是一位三十多岁的女性，可以称她小姐。

服饰：观察其穿着打扮，估计其收入、消费水平和审美观点。

语言：观察其讲话的口音、语气，估计其是来自外地还是本地人。

肢体语言：观察其表情动作和神态举止，估计其属于哪类型顾客，如何应对。

……

温馨提示

导购在观察顾客时要表情轻松，不要扭扭捏捏或紧张不安，不要表现得太过分，像是在监视顾客或对他本人感兴趣；更不能以貌取人，凭主观感觉去对待顾客，而要尊重顾客的愿望。

(2) **观察顾客要求感情投入、认真细致**。感情投入就能理解一切。导购要能设身处地地为顾客着想，通过顾客的眼睛去观察和体会顾客的需求，并不断问自己：如果我是这个顾客，我会需要什么？只有这样才能提供优质有效的服务。

导购在遇到不同类型的顾客时，需要提供不同的服务方法，比如：

● **烦躁的顾客**：要有耐心，温和地与他们交谈，细心地为其提供服务和帮助。

- **有依赖性的顾客**：要态度温和，富于同情心，为他们着想，提些有益的建议，但别施加太大的压力。
- **对产品不满意的顾客**：他们持怀疑的态度，导购对他们要坦率、有礼貌，保持自控能力。
- **想试一试心理的顾客**：他们通常寡言少语，导购得有坚韧毅力，提供周到的服务，并能显示专业水准。
- **常识性顾客**：他们有礼貌，有理智，导购需要采用有效的方法待客，用友好的态度回报。

(3) 观察顾客要求预测需求、想顾客之所想。

陶丽丽在美国买鞋

陶丽丽随家人到美国旅游，有一天到了当地的 R 鞋店想买一双鞋。她看了一圈后对营业员说想试试 36 码 L 款式的皮鞋。

过了一会，她看到店员给她抱来了 5 双鞋子：她要的那一款 36 码的鞋、36.5 码的鞋、35.5 码的鞋，还有两款 36 码的款式相近的皮鞋。陶丽丽从这 5 双鞋中很快就选中了一双满意的鞋。

上面的案例说明美国鞋店的服务员能有效预测顾客的需求，不管你是否还有"没说出来的需求或秘密需求"，但她们提供的 5 双鞋子，基本上能满足顾客的需求。

预测顾客需求就是为了提供顾客未提出但需要的服务：导购观察顾客、"揣摩"顾客心理的目的就是要预测顾客需求。

一般而言，顾客有五种类型的需求，以买化妆品为例，某顾客对导购说："我想选购一套价格高些的化妆品。"她的五种需求可能是：

- 说出来的需求（顾客想要一套价格昂贵的化妆品）；
- 真正的需求（顾客想要的这套化妆品，能为自己带来品位和魅力，但价格不菲）；
- 没说出来的需求（顾客想获得优质服务，贵的东西要有好的服务）；
- 满足后令人高兴的需求（顾客买套装化妆品时，附送一包卸妆棉）；
- 秘密需求（顾客想被她的朋友看成识货的人）。

◇ 适时接近

案例

小李正在欣赏家庭影院专柜播放的一部恐怖片，突然"背后"传来一声大叫："欢迎光临！"因为没有任何心理准备，被他一叫吓得差点跳了起来——导购刚才是坐在门的左侧，这时小李已经到了店中央，导购就从身后过来，可能是考虑到当时的噪声较大，所以走到很近的位置才和小李打招呼，并且声音很大（怕听不见）。

小李笑着"批评"他说，不要从后面来"迎接"顾客，这样会把别人吓倒。导购只是笑了笑，显得有些不好意思，也没有说对不起，继续问："您是想买家庭影院还是随便看看……"刚才受了点惊还没缓过神来，又被他没头没脑地提了这样一个封闭式的问题，小李居然不知如何作答是好……

接近顾客是导购挖掘顾客需求的重要一步，如果接近的方式不当或时机不对，可能不仅起不到欢迎顾客的作用，还会把顾客赶跑。相反，如果处理得好，给顾客留下了良好的第一印象，对接下来进一步了解顾客需求，拉近心理距离和促成销售则大有帮助。

1．接近顾客的基本原则

- **"三米微笑"原则**：每个人都希望受到别人的欢迎，因此导购在顾客走进卖场门口的三米时，就要以职业的微笑向顾客致意，和顾客打招呼，这是欢迎顾客的最基本要求。

- "欢迎光临"原则：时下很多导购喜欢用"请随便看看"代替"欢迎光临"。却不知这句"欢迎语"正好给顾客灌输了一种"看看就走"的潜意识。因此，一句面带微笑的"欢迎光临"是你欢迎顾客最好的表达方式。
- "不要过分热情"原则：大多数顾客购物时，都希望当他需要介绍和帮助的时候，导购能够及时出现，而那些寸步不离、喋喋不休的导购的"过分热情"，会让顾客感到一种无形的压力而"逃之夭夭"。

2．接近顾客的最佳时机

和顾客打招呼是表示对顾客的欢迎和尊重，但招呼过后并不一定是接近顾客的最好时机，此时导购需要与顾客保持恰当的距离，用目光跟随顾客、观察顾客。

当顾客发生以下动作或表情时，就是立即上前接近顾客的最佳时机。

- 当顾客看着某件商品时（他对本商品有兴趣）。
- 当顾客仔细打量某件商品时（顾客对产品一定有需求，是有备而来的）。
- 当顾客翻找标签和价格时（他已产生兴趣，想知道商品的品牌和价格）。
- 当顾客看着商品又抬起头时（他在寻找导购的帮助）。
- 当顾客表现出在寻找某件商品时（你可以主动询问是否需要帮助）。
- 当顾客再次走进你的柜台时（货比三家之后，觉得刚才看过的商品不错）。
- 当顾客与导购的眼神相碰撞时（自然地招呼顾客，询问是否需要帮助）。
- 当顾客主动提问时（顾客需要你的帮助或是介绍）。
- 当顾客突然停下脚步时（看到了自己感兴趣的商品）……

3. 接近顾客的方式

接近顾客可以根据具体的情形，采取不同的方式，但一般来说，常用的接近顾客的方式有以下几种：

● **提问接近法**。即当顾客走进柜台时，抓住顾客的视线和兴趣，以简单的提问方式打开话题，如："你好，有什么可以帮您吗？""这件衣服很适合您，要不要试穿一下？""你以前了解过我们的产品吗？这是我们公司最新的产品……"

● **介绍接近法**。即导购看到顾客对某件商品有兴趣时直接介绍产品。例如，"这是今年最流行的款式"，"这款空调是我们公司最新的产品，最近卖得不错"。

温馨提示

运用介绍接近法时要注意：不要征求顾客的意见，以"需不需要我帮您介绍一下"，或者"能不能耽误您几分钟……"开头，如果对方回答"不需要"或是"不可以"，显然会造成尴尬。当然，直接介绍也要注意对方的表情和语言动作，要观察对方是否有兴趣并及时调整策略。

● **赞美接近法**。即以"赞美"的方式对顾客的外表、气质等进行赞美接近顾客。例如，"您的包很特别，在哪里买的？""您的项链真漂亮！""哇，好漂亮的小妹妹，和你妈妈长得一模一样！"通常来说，如果赞美得当，顾客一般都会表示友好，并乐意与你交流。

● **示范接近法**。即利用示范展示商品的功效，并结合一定的语言介绍来帮助顾客了解商品，认识商品。一般来说，如果顾客真的对某件商品有兴趣，当你开始向他介绍时，他一定会认真地听你介绍或是提出相关的问题。

温馨提示

无论采取何种方式接近顾客和介绍产品,导购还要注意以下几点:

◆ 注意顾客的表情和反应,要给顾客说话和提问的机会,了解他真正的需求。

◆ 提问要谨慎,不能问一些顾客不好回答的问题或是过于复杂的问题。

◆ 接近顾客要从顾客正面或侧面走近,而不能从后面走近,同时要保持恰当的距离,不宜过近,也不宜过远,恰当的距离是两臂左右。

➡ 谨慎询问

好的医生在诊断前一定会问病人许多问题,使病人觉得受到了医生的关心和重视,也愿意与医生密切配合,让医生迅速找到病源而对症下药。像医生一样通过询问来表达对对方的关心和重视,使顾客愿意密切配合,进而迅速发掘顾客真正的需要并适时地给予满足的,才是一位成功的导购。

询问是发掘顾客需求的秘密武器,在使用时应注意技巧和方法。

1. 询问的五个技巧

案例

有一位教徒问神父:"我可以在祈祷时抽烟吗?"他的请求遭到神父的严厉斥责。而另一位教徒又去问神父:"我可以在吸烟时祈祷吗?"后一个教徒的请求却得到允许,悠闲地抽起了烟。

这两个教徒发问的目的和内容完全相同,只是询问的方式不同,但得到的结果却完全相反。由此可见,询问技巧高明才能得到期望的结果。

通过直接提问去发现顾客需求,顾客往往会产生抗拒感而不是坦诚相告。所以，导购在询问顾客需求时要注意以下五个技巧的运用：

● **探寻顾客真正的需求**。顾客回答的每个问题都可能反映了他内心的需求与想法，因此，导购在询问时要先设定好提问点，以便于从顾客的回答中找出顾客的需求。

● **询问顾客关心的事**。顾客一般只关心与之相关的事，因此在接待顾客时要重视顾客的一切，包括其同伴、小孩、宠物、服饰，只有询问这些与其密切相关的问题，才能引起他的注意和兴趣。

● **不要单方面地一味询问**。缺乏经验的导购常过多地询问顾客一些不太重要的问题或是接连不断地提问题，使顾客有种"被调查"的不良感觉，从而对导购产生反感而不肯说实话。

● **询问要与商品提示交替进行**。因为"商品提示"和"询问"如同自行车上的两个轮子，共同推动着销售工作，导购用这种方式一点点深入探寻，就肯定能掌握顾客的真正需求。

● **询问要循序渐进**。导购可以从比较简单的问题着手，如"您买这件衣服是给谁穿"，然后通过顾客的表情和回答来观察判断，逐渐从一般性讨论缩小到购买核心。

> **案例**
>
> 夏天，A顾客到化妆品专柜买防晒品，但面对各种各样的防晒品不知如何决定，于是A问导购："请问一般情况下用的防晒霜的防晒系数是多少？"
>
> 导购回答："防晒系数有15、20、30、40，防晒系数越大，防晒能力也越高，你可以根据具体情况去选择。"A顾客一听，就明白了。
>
> 导购没有连续作答，而是让顾客自己去作选择。

如果上例中顾客仍不能决定，导购可以再接着问他，是在户外使用呢，还是爬山郊游或海边使用？如果在海边使用，那就建议选防晒系数在20以上的。顾客自然就会觉得这位导购有专业水平，值得信赖。

从不连续的答问到反问，把商品的性能、功效、优点等各方面的简要内容说明清楚，推销出去，这是成功的导购所应具备的能力。

2．询问的常用方法

在日常的销售活动中，导购常用的询问方法有以下几种：

● 状况式询问：为了了解对方目前的状况而作的询问，称为状况询问。如："您平常穿什么颜色的衣服？""您觉得哪个品牌的产品更有吸引力？""您喜欢参加朋友的家庭聚会还是俱乐部活动？"

● 暗示式询问：通过某种暗示或提示引发顾客的购买欲望，达到销售询问的目的。如："这种款式的我们没有库存，马上要换季，售完就不进货了。""这是刚刚上市的新款夏装，很符合潮流的。"

● 选择式询问：这是引导顾客思维的最好方法，其答案基本设定在问题里，顾客只能选择其中之一。例如，"来这件红色的还是白色的？""这种点心口味很好，来一盒还是两盒？"这样一问，顾客一般会从中选择一个作为回答。

● "问题漏斗"式询问：即问题面要采用由宽到窄的方式逐渐进行深度探寻，利用从大到小的"问题漏斗"达到探寻顾客需求的真正目的，而不是一味地向顾客介绍商品的情况。

案例

某日，西风凛冽，一顾客匆忙走进店铺。导购小李马上热情相迎：
"天气真冷，先生想选购些御寒衣物吧？"
"对，想买件毛衣。"
"您需要什么料子的呢？"
"羊毛的。"
"这款是100%纯羊毛的，您喜欢什么颜色，多大尺码？"

> "红色，105 码的。"
>
> "这件是红色 105 码的 100% 纯羊毛毛衣，您看看，合适吗？"
>
> "我就是想找这样的毛衣！"

3. 询问的注意事项

导购在向顾客询问时应注意以下几个问题：

● 避免个人隐私话题。有些顾客在购物时，不愿别人问及有关个人隐私的话题。因此，在打探顾客需求时，导购应注意避免打听顾客的个人隐私。

● 在顾客没有说话时或说话间隙询问。若对方正在说话，一般不要急于询问，因为打断别人的谈话是不礼貌的，容易引起反感，也容易曲解或误解对方的意图。

● 注意询问的语速。询问语速太快，会给顾客不耐烦的感觉，甚至会认为你是在用审问的口气对待他，容易引起反感；反之，说话太慢，则容易让顾客不耐烦，从而影响了交易的进行。

● 注意顾客当时的心情。顾客的购买行为有时会受情绪的影响，因此导购要在适当的时候提出相应的问题。如果顾客心情好，交易成功的几率就会很大，心境不好，反而会觉得你的询问是在找麻烦。

● 询问后要给顾客足够的时间回答，同时尽量保持问题的连续性，照顾问题之间的逻辑关系，不能忽左忽右，让顾客不知所云。

⇨ 用心倾听

让顾客畅所欲言，不论顾客是称赞、说明、抱怨，还是驳斥、警告、责难，导购都可以从中了解到顾客的购买需求，又因为顾客尊重那些能认真听自己讲话的人，所以愿意去回报。

因此，倾听——用心听顾客的话，不论对导购新手还是老手，都是一句终身受用的忠告。

1．用心倾听的三个原则

● **耐心**：不要打断顾客的话。很多顾客喜欢说话，尤其喜欢谈论他们自己。顾客谈得越多，越感到愉快，这对销售很有利。导购要学会克制自己，多让顾客说话，而不是自己大肆发表高见。

● **专心**：诚恳专注地倾听。导购在倾听顾客说话时，要做到双眼真诚地凝视对方的眼睛，以示诚恳专注地倾听。要与顾客保持目光接触，观察顾客的面部表情，注意他们的声调变化。

● **关心**：站在对方的立场倾听。要带着真正的兴趣倾听顾客在说什么，要理解顾客所说的话，也要对顾客的话理智地判断真伪、对错，必要时可重点复诵对方所讲的内容，以确认自己的理解和对方一致。

> **案例**
>
> 美国西南航空公司在招考面试时，给求职者5分钟的时间作自我介绍，在某个人作自我介绍时，考官们不只注意这个人，同时还留意其他求职者的表现，这些求职者中有的在埋头准备自己的自我介绍，有的在热心地鼓掌，支持可能成为他们同事的演讲者。
>
> 当演讲者出现失误时，有的人在一旁幸灾乐祸，有的人流露出替他人着急的表情。最后，那些能关心他人而不自私的人得到了进入西南航空公司的"许可证"。

2．有效聆听的三个步骤

● **步骤一**：发出准备聆听的信息。首先，你需要准备聆听与你不同的意见，从对方的角度想问题。其次，要与讲话者有眼神上的交流，显示你给予发出信息者的充分注意，这就告诉对方：我已经作好准备，你可以开始了。

● **步骤二**：采取积极的行动。积极的行动包括对讲话者频繁点头，鼓励对方去说。而且，在听的过程中，也可以身体略微地前倾而不是后仰，这样是一种积极的姿态，这种积极的姿态表示：你愿意去听，努力在听。同时，对方也会有更多的信息发送给你。

● **步骤三**：理解对方全部的信息。聆听的目的是为了理解对方全部的信息。在沟通的过程中你没有听清楚、没有理解时，应该及时告诉对方，请对方重复或者解释，这一点是我们在沟通过程中常容易犯的错误。所以在沟通时，如果发生这样的情况要及时通知对方。

3．提升倾听能力需要注意的事项

● 永远都不要打断顾客的谈话，尤其不要有意识地打断对方兴致正浓的谈论。

● 听清楚对方的谈话重点，排除对方的说话方式给你的干扰。

● 适时地表达自己的意见，以便让对方感觉到你始终都在认真倾听。

● 用心去寻找对方谈话的价值，并加以积极的肯定和赞美。

● 配合表情和恰当的肢体语言，用嘴、手、眼、心灵等各个器官去说话。

● 避免虚假的反应，以便认真倾听对方的讲话和进一步解释。

◇ 巧妙回答

无法回答顾客的询问，就不是销售高手。顾客有所问，商谈才是真正的开始，这也是销售成功的机会。要想把握住这个机会，导购就需有充足的准备，如：具备丰富的商品知识；预先把顾客可能需要的问题和答案准备好；注意收集资料，积累经验等。

> **案例**
>
> 老陈到电器商场想买一台电视机,他看到电视机屏幕的尺寸有很多种。老陈停在一部大屏幕的电视前问导购:"这种 52 寸大屏幕电视的收看效果如何?"
>
> 导购小谢回答说:"请问大爷放电视机的空间有多大?一般来说,52 寸的电视要在 5 米以外看,画面品质才最佳。"
>
> 老陈说:"我们家的客厅长 8 米,宽 6 米,可以放这部电视机吗?"
>
> 小谢:"那么宽敞的客厅肯定可以放,但如果是二十多平方米的客厅,挑选 29 寸的电视机会更合适。"

上例中小谢的回答既能做成交易,又让顾客觉得很贴心,如果导购光图省事地随着顾客说大屏幕电视机好啊,敷衍了事,其结果势必会造成顾客的不满。

当然,导购要巧妙回答顾客的询问,除了有一定的知识储备和心理准备外,还必须掌握一些技巧:

● **按问话人的心理假设回答**:问答过程里有两种不同的心理假设,即问话人心理和答话人心理。导购在回答顾客提问时,应当依照顾客的心理假设回答,而不要按自己的心理假设回答。

> **案例**
>
> 某美军上尉在军中担任财务官,多年来私下挪用了不少公款。一天,他在美军专用市场买东西,两个宪兵走过来对他说:"上尉,请跟我们来一下!"上尉说他要先去洗手间,让他们等一下。
>
> 上尉进了洗手间就开枪自杀了。那两位宪兵大吃一惊。其实,宪兵只是看到上尉的车停在门外消防水龙头旁边,要他把车子倒退一点而已。这便是上尉按自己的心理假设行动的结果——以为自己挪用公款被发觉了。
>
> 撇开是非不谈,如果上尉以宪兵的心理假设回答:"什么事?"跟着出去看一下,说不定还活得好好的。

● **不要彻底回答**：指导购将顾客询问的范围缩小，或只回答问题的某一部分。有时顾客问话，全部回答不利于销售。

> **案例**
>
> 顾客问："这件衣服为什么这么贵？能不能降价呢？"这时如果马上回答能，顾客会认为衣服的质量一定不好。
>
> 导购可以先向顾客介绍衣服的优点，比如衣料、款式、制作工艺等，这样就避开了对方问话的主题，同时也把对方的思路吸引到你的内容上来。

● **不要确切回答**：谈判专家认为，谈判时针对问题的回答并不一定是最好的回答。回答问题的要诀在于知道该说什么和不该说什么，而不必考虑回答是否对题。

> **案例**
>
> 顾客：这双鞋子能降价多少？
>
> 导购：关于价格公司有严格的规定，因为我们品牌的鞋子全部都是欧洲进口的，采用的皮料都是一级首层牛皮。
>
> 顾客：真的1分钱都不能降低吗？
>
> 导购：如果您购满500元，我向店长为你申请一张VIP贵宾卡，以后购买我们所有的产品都可以打9折，可以吗？
>
> ……

当顾客提出的问题比较尖锐，如果我们认为时机还不成熟，就不要马上确切地回答，可以找一些其他借口谈别的，或是答非所问，比如和顾客交流商品的样式、质量、销售情况等，等时机成熟再摊牌，这样效果会更理想。

● **使问话者失去追问的兴趣**：有时，顾客会采取连珠炮的形式发问，诱使导购落入其圈套。因此导购要尽量使顾客找不到继续追问的话题和借口。比较好的方法是,在回答时可以说明许多客观理由,但却避开自己的原因。

温馨提示

有时,可以借口无法回答或资料不在,回避难以回答的问题,冲淡回答的气氛。此外,当对方的问题不能予以清晰、有条理的回答时,可以降低问题的意义,如"我们考虑过,情况没有您想得那样严重"。

展示说明,用顾客喜欢的方式进行

商品展示说明是销售诉求中最重要的一环。当导购销售一个实物产品时,其表现应该像一个游戏节目的主持人。顾客愿意投入时间观看展示,表示他确实有潜在需求,这一时刻,是导购要把握住的最好机会。

记住:展示不是作产品特性的说明,而是要激起顾客决定购买的欲望,因此要用顾客喜欢的方式去进行。

➢ FABE法:展示说明的四项内容

FABE法是商品展示说明的常用方法,即将销售的商品先按特征来分类,并把这些特征所具有的优势找出来,判断究竟商品的哪些优势可以和顾客的利益相结合,并拿出证据证明其符合顾客的利益,或者实际让顾客去接触并加以证明。

案例

"先生您看一下,我们这款沙发是真皮的。"真皮是沙发的属性,是一个客观现实,即"F"。

"先生您坐上试试,它非常柔软。"柔软是真皮的某项作用,就是"A"。

"您坐上去是不是非常舒服?"舒服是带给顾客的利益,即"B"。

将这三句话连起来,"先生您看这个沙发是真皮的,它非常柔软,坐上去非常舒服",使顾客听起来会产生顺理成章的反应。

1. FABE 法详解

● F(Features):**特征**。指本项产品的特质、特性等方面的功能,以及它是如何用来满足我们的各种需要。

导购应首先将商品的特征(F)详细地列出来,并针对其属性,写出其具有优势的特点,将这些特点列表比较。列表时应充分运用自己所拥有的知识,将商品属性尽可能详细地表示出来。

温馨提示

每一个产品都有其功能,导购需要深刻发掘自身产品的潜质,努力寻找竞争对手和其他人忽略的、没想到的特性。当你给了顾客一个"情理之中,意料之外"的感觉时,下一步的工作就很容易展开了。

● A(Advantages):**优势**。即 F 所列的商品特征究竟发挥了什么功能?对使用者能提供什么好处?在什么动机或背景下产生了新产品的观念?并向顾客证明:我的商品比别的同类商品好,所以你应该买我的。

温馨提示

如何证明我的商品比别人好呢?很简单,列举出你的优势来。导购要在这个环节中,列出尽可能多的优势,从最直接、最明显的到间接、隐含的,想得越多越细越好。例如,更管用、更高档、更温馨、更保险等。

● B(Benefits):**利益**。即商品的优势(A)是否能真正带给顾客利益(B)。

利益推销已成为推销的主流理念,因此要一切以顾客利益为中心,通过强调顾客得到的利益、好处激发顾客的购买欲望。

温馨提示

利益推销要求导购特别强调:顾客将如何通过该商品获得实实在在的利益。许多顾客对自己所能获得的好处一知半解,因此购买不积极。但许多时候这个"没有好处"并不是真的没有好处,而是他没有认识到好处,因此就需要你来点醒他。

● E(Evidence):**证据**。指所有可以用来证明你所宣扬产品的特性、优势、利益等方面真实性的东西。证据具有足够的客观性、权威性、可靠性和可见证性,如证明书、样品、商品展示说明、录音录像带等。

FABE推销法的高明之处是:关于证据,我是主动提出的,不用顾客来催,这样就显得自信十足,并且步步紧逼,让顾客没法找借口拖延。

2. FABE法运用须知

FABE介绍法对导购的商品知识要求比较高,要求导购了解与商品有关的多方面知识,包括:

● 了解企业的历史,便于导购与顾客交流,并忠诚地代表该企业和该产品。

● 了解产品的生产工艺和制作方法,以便能向顾客介绍产品的性能和质量。

● 熟悉产品所有的性能和使用方法,以便说服顾客,并向顾客示范该产品。

● 熟悉企业竞争者及其产品,以便进行比较,从而突出自身的竞争优势。

● 熟悉产品的发货方式和售后服务的运作,以便让顾客放心购买,无后顾之忧。

➡ 展示说明的七大要点

当代美国销售专家韦勒有一句销售名言:"不要卖牛排,要卖烧烤牛排时的咝咝声。"在这里,展示商品时的声音及情景带给顾客的享受,甚至比商品本身更有吸引力,这就是商品展示的魅力所在。

通常,看过或参与过正确有效的商品展示的顾客,都会产生购买欲望,并极有可能成为忠诚的顾客。当然,正确有效的商品展示需要导购做到以下几点:

● **动作规范标准**:导购在作展示时,要求步骤清晰明了,动作娴熟,同时要留意语言和动作的规范化和标准化。

● **留意顾客反应**:在向顾客展示商品时,应先解释展示的目的并证明它将满足潜在顾客的需求。在这个过程中,要仔细询问和细心观察顾客的反应,领会顾客真正的购买动机。

● **带动顾客参与**:邀请潜在顾客参与示范可以引起对方更大兴趣。示范中在征得顾客同意的情况下,可以把商品直接用在顾客身上。这样可以给顾客留下更加深刻的印象。

● **把握时机**:在与顾客有限的洽谈过程中,导购要把握时机向顾客充分展示商品的亮点,以此吸引顾客对商品的兴趣,并留意及询问潜在顾客反应。

● **缓谈价格**:价钱永远放在最后谈,因为在销售过程中,价格是最困难的问题。导购应在充分展示了商品的功效,利用尽量多的时间去刺激购买的欲望之后,再谈论价格问题。

● **导向利益**:导购要帮助顾客寻找购买的最佳理由。或许,有些东西顾客事先也没想到要购买,但是一旦决定购买时,总是有一些理由支持他去做这件事。这些购买的理由正是顾客最关心的利益点。

● **控制时间**:导购应充分展示商品,增强说明的效果,说明和展示时要力求生动,一边展示一边讲解。但展示的时间不宜过长,因为时间过长容易分散顾客的注意力，一般以10分钟为宜，在此期间不宜急于推销商品。

在进行商品展示和介绍的过程中，导购最容易犯的错误就是只作商品的示范操作及说明。正确的展示说明应该是：通过你的说明和展示，能替顾客解决问题，使顾客产生物超所值的感觉。

温馨提示

导购在进行展示说明时，应注意以下几点：

◆ 增加戏剧性，最好是增加导购自身展示的戏剧性。

◆ 让顾客亲身感受，并且尽可能地让顾客能看到、触摸到、用到您的产品。

◆ 可以利用一些动人的实例来增强产品展示的感染力和说服力。

◆ 展示时要用顾客听得懂的话语，切忌使用过多的"专有名词"。

⇨ 如何进行现场演示

商朝末年，姜子牙在铺子里卖肉时，有意把刀剁得铛铛响，并高声吆喝招揽顾客，屈原在《天问》中称之为"鼓刀扬声"这说明在古代演示销售就已经萌芽了。在今天，现场演示销售更是导购推销商品的一大方法。

案例

顾客经常看到售卖龙虾尾或扇贝等海鲜商品的导购，在冰柜旁边演示焙制方法、展示焙制用的配料，现场还提供炒好的食物供顾客品尝，香喷喷的气味在卖场四处飘散，顾客蜂拥而至，效果非常好。

某超市卖海鲜商品的导购说，配合这样的现场演示，他们公司在这个店一个月的销售额为6—8万元，是对面冷冻肉类等生活必需品销量的2—3倍。

1. 如何选择演示商品

比较常见的演示商品主要集中在一些外形小巧、功能单一的商品上，如蒸汽熨斗、榨汁机、食品、保健器材等。通常来说，适合于现场演示的商品有以下两个主要的特点：

● **效果明显**：演示商品应功能单一、操作简单、诉求性强，在现场演示时立刻就能将主要功能展示出来，如榨汁机、按摩棒等。

● **卖点独特**：演示商品与同类商品相比，必须具备更新、更独特的卖点，才能激发顾客的购买欲望，才能满足现场演示要求。

温馨提示

现场演示一定要注意时效性，效果要立等可见，如果要过几个小时才能看到效果，则很容易失去现场演示的意义。如紫砂锅要演示其异于普通压力锅、电饭锅的"炖煮"功能，需要4—6个小时，试想有几个顾客会为买一个锅等上那么长时间呢？

2. 如何设计演示方法

成功的现场演示能够一下子抓住顾客的视线，激发顾客了解、参与的欲望，从而迅速达成交易。因此，在设计演示方法时，必须综合考虑如何吸引顾客，独出心裁地区别于竞争对手。

● **突出演示重点**：即突出演示商品最能吸引顾客的主要优点和利益点，对于那些顾客不很关心的功能，则轻描淡写。

● **强调现场演示的趣味性**：即现场演示要通过新颖有趣的演示方式激发顾客的购买欲望。如推销剃刀时拿桃子开刀，将桃子表面的细毛剃干净又不伤及它软软的桃皮，这一带有戏剧性的演示方式效果非常好。

● **创造良好的现场气氛**：导购可以通过叫卖、堆码、与顾客的互动游戏以及悬挂条幅、吊旗等方式创造良好的现场演示氛围和"热销"气氛。

● **综合考虑演示的规范性、安全性**：设计现场演示活动必须为演示人员设计一整套标准演示用语和演示动作,将演示活动流程化、程序化。演示员必须熟练掌握要点后才可安排上岗。

● **组合运用 SP 手段提高现场演示的成交率**:如运用赠品、特价、限制销售量等促销手段辅助演示效果,促成交易。

温馨提示

成功的现场演示活动各因素的比重是:演示员的仪表35%,演示商品的品质26%,商品合理的价格19%,出众的演示方法20%。

由此可见,演示员的素质如何,是左右现场表演活动成败的关键因子之一。因此,组织现场演示活动时,必须注重演示人员的仪表、素质。

3. 演示操作的三个注意点

● **以主要卖点为中心**:通常演示品有3-5个卖点,但一般只有一个最独特的卖点,即"个性"。演示员必须反复宣扬这个"个性",让顾客接受它、认同它。

● **演示动作要点**:演示销售过程中容易打动顾客的关键点一定要按标准演示,不得任意为之。如吸力演示水柱,客流高峰的时候必须开5分钟歇5分钟等。

● **讲解要点**:一定要遵循FABE法则对商品的各个特性进行分解,将商品的特性转化为顾客的利益点,让顾客觉得你是在提供真正能够满足他需要的产品。

温馨提示

进行现场演示时,演示员的讲解一定要生活化、口语化,像拉家常一样,非常随意,让顾客感觉不出你在卖货;讲解还需根据顾客的不同情况,灵活转换、活学活用,此外,演示进行中,必须适时穿插与竞争商品的对比分析,突出产品优势,强化顾客的认知度。

第六章

异议处理——变"嫌货人"为"买货人"

俗话说"嫌货人才是买货人"。顾客对感兴趣的商品总会提出各种各样的异议,因此,尽管导购在为顾客介绍商品并达成交易的整个过程中都做得很好,仍然不可避免地会遇到顾客的各种异议。惟有顾客异议得到妥善处理,销售才能进入下一个阶段。

店铺中天天发生的你买我卖的交易行为,是在导购和顾客的你来我往的异议提出和解决中完成的。任何一个导购都必须随时作好心理准备和思想准备,善于分析和处理各种顾客异议,最终变"嫌货人"为"买货人"。

米开朗基罗的启示

　　米开朗基罗是一位伟大的艺术家，也是一位对人性了解透彻的哲人。他曾经替当时一位权势显赫的买主雕塑一座巨大的石像。

　　历时几个月，当雕塑工作接近完成时，买主到现场一面观看，一面说出了许多自己的看法："其他地方还凑合，但我觉得鼻子部分非常突兀，希望你能按照我的想法，重新修改。"

　　米开朗基罗听后立刻爬上梯子，拿着锤子，在石像的鼻子部分，不停地敲打起来，汗流满面。下了梯子后，他走到买主旁，仰望着修改后的石像，充满感谢地说："啊！依照您的想法修改后，实在觉得好多了，简直就像注入了生命一样！"

　　米开朗基罗的这种感受，立刻让买主的态度有了180度的转变，买主开始赞美米开朗基罗的手艺，能在一会儿的功夫内，就能改变石像的整个感觉。于是立刻接受了米开朗基罗的作品，米开朗基罗几个月的辛苦，终于获得了回报。

　　米开朗基罗的故事，给了我们三个启示：面对顾客提出的异议，一定要立即处理，将顾客的异议消灭在萌芽中；无论何时都要尊重顾客的意见，要给顾客面子；为了赢得胜利，不妨在小处对顾客多忍让。

　　因此，导购必须以正确的心态来认识和对待顾客的异议，并及时妥善处理，化解销售危机。当然，导购首先要做的是弄清楚顾客异议的来源。

顾客异议从何而来

　　所谓顾客异议，就是顾客在购物过程中提出的各种意见和问题。顾客异议产生的原因是多方面的。导购只有正确认识顾客提出的种种异议及其原因，才能有效地处理异议。

顾客产生异议的原因主要体现在以下几个方面：

➡ 顾客自身原因

顾客由于本身的购物习惯、经济水平、认知能力等主客观原因，会对导购及其推荐的商品提出多方面的反对意见，主要有：

● **自身需求**。顾客因需求方面的原因而拒绝购买商品，可能是他确实不需要，也可能只是暂时不需要或尚未察觉到自己对商品潜在的需要。

● **支付能力**。指顾客由于无钱购买或不愿意购买而提出的反对意见，经常并不直接地表现出来，而是间接地表现为质量方面的异议或进货渠道方面的异议等。

温馨提示

导购应善于识别顾客支付能力的异议，一旦觉察顾客确实存在缺乏支付能力的情况，应停止销售，但态度要和蔼，以免失去其成为未来顾客的机会。

● **购物习惯**。当导购的销售行为与顾客长期形成的购物习惯不一致时，顾客就会提出反对意见，增加销售的难度。

● **消费经验**。顾客在大量的购物活动中，通过选购、使用、评价等一系列活动所积累的消费经验，会影响其以后的购物行为。

温馨提示

顾客往往对自己所拥有的丰富经验极其自豪，并会极力维护其权威，这就进一步增大了导购在销售商品时的压力和难度。如果你的卖场能为顾客创造丰富新奇的顾客消费体验，必将获得极大的成功。

● **消费知识**。由于顾客缺乏消费知识，或导购不能详尽地介绍商品，同样会使顾客提出反对意见。但这种异议可以经过导购的努力而克服。

● **购买权力**。如果顾客没有权力决定购买或无权决定购买什么商品、购买多少，他就可能借故对购买条件、购买时间等提出反对意见。

● **购物偏见**。顾客有时会提出一些自认为正确而实际上并不合理的反对意见，这往往是由其偏见造成的。

温馨提示

偏见是人们内心形成的一种独特的思维方式，表现为对事物缺乏公正、客观、全面的评价，有时甚至表现为蛮不讲理，且偏见一旦形成就很难克服。

因此，无论是商家还是导购，在进行宣传或销售时务必谨慎，不要给顾客以形成偏见的契机。

◆ 商品原因

由于商品的价值、功能、利益、质量、造型、式样、包装等方面的原因，不能令顾客满意，而引起顾客异议的情况也是比较常见的。

1. 产品不能给顾客带来使用价值

如果某种商品对顾客而言没有什么用，那么它的质量再好、价格再低廉，顾客一般也不会去购买它。针对此种情况，导购在开始导购工作时，一定要先明确自己所推介的不是单纯的产品实体，而是产品能给顾客带来的使用价值。

温馨提示

如果产品不具备顾客所需要的使用价值,或使用价值不大,顾客就会对商品提出异议。例如,你向高中生推销婚纱照显然是无效的,因为他们这个年龄段根本还没有到需要拍摄婚纱照的阶段。

2. 商品功能不能满足顾客需要

商品功能是商品本身所具备的功用、效能。商品功能的好坏和多少也是顾客选择时的一个重要依据。

温馨提示

若导购推荐的商品功能太多或太少,或者功能根本不符合顾客的需要,顾客也会提出反对意见,拒绝购买此商品。例如,导购向一个皮肤很白净的姑娘推销暗疮膏,遭到拒绝是必然的。

3. 商品带给顾客的利益不够大

对大多数人而言,购买某种商品并不是单纯为了商品本身和商品带来的最基本的利益,因此,只有当你的商品能为顾客带来比其他商品更多的利益时,顾客才有可能放弃其他商品而购买你的商品。

温馨提示

比如,同是洗衣机,你的洗衣机不但价格、性能、外观都让顾客满意,而且可以让顾客省时省力,节水省电,那么顾客就可能选择你的洗衣机。否则,顾客就会因此而提出反对意见。

4. 商品质量不能让顾客放心

商品质量是商品一切属性中最重要的一项,是商品的生命。顾客对商品功能、造型等方面的选择都是以商品质量是否令顾客满意为前提的。即一种商品的质量好坏会直接影响顾客的购买行为。

顾客如果认为某商品质量不过关，或不能达到令他满意的标准，就会提出反对意见，而且这一点一般很难改变。

5．商品特色不够鲜明

随着市场上商品品种的增多，竞争日益激烈，商品在质量、价格、功能等方面的差距越来越小，因此顾客对商品的要求越来越高，对其造型、式样、包装等非基础属性的重视程度也越来越高。

在这种情况下，如果导购为顾客推荐的商品没有什么特色，或不能满足顾客的特定需求，他们同样会对商品的这些方面提出异议。

◆ 价格原因

价格异议是销售过程中最常见的异议。顾客的总需求总是超出可用来购买的资金，而且顾客对商品的价格最为敏感；即使商品的定价比较合理，顾客仍会抱怨。在顾客看来，讨价还价是天经地义的事。

1．价格过高

顾客认为某商品价格过高而产生异议，是导购遇到的价格异议中最普遍的现象。出现这种现象的原因如下：

● 顾客对市场上同类商品的价格已形成自己的看法，认为该商品价格过高。

● 顾客通过对商品成本的估算，确定了一个自认为合理的价格，相比之下，认为该商品价格过高。

- 顾客由于经济原因对商品虽有需求，但经济条件不允许，因而认为价格过高。
- 有些顾客无论对方报什么价，都要讨价还价一番，这种讨价还价已经成为他的一种购物习惯。
- 顾客以"价格太贵"来试探导购，看是否有进一步降价的可能，以实现自己利益的最大化。
- 顾客根本无意购买商品，只是以价格高为借口摆脱导购。

2．价格过低

在某些情况下，顾客会因导购推荐的商品价格过低而拒绝购买此商品。这种情况的出现主要受以下因素影响：

- 顾客经济条件比较好，没必要买价格低廉的商品。
- 顾客认为"便宜没好货，好货不便宜"，不信任商品的质量。
- 顾客社会地位较高，认为购买低档商品有损自己的形象。

3．讨价还价

顾客对于自己认为价格过高的商品，如果确实想购买，必然要与导购讨价还价。顾客讨价还价主要出于以下动机：

- 出于对自己利益的维护，希望购买到价格更低的商品。
- 希望购买到的商品比其他顾客购买的商品价格低，从而得到一种心理上的优越感。
- 希望在讨价还价中显示自己的谈判能力，获得心理上的满足。
- 希望从别处购买商品时，通过讨价还价获得较低的价格，以便向第三方施加压力。
- 顾客根据经验，认为价格含有较多"水分"，经讨价还价，导购一般都会让步。

➡ 其他原因

顾客异议的原因可谓多种多样，除了以上分析的顾客、商品和价格方面的原因外，顾客异议还存在其他原因：

1．形象原因

因导购的仪容仪表、言谈举止、导购方式等不能令顾客满意，甚至使其产生反感而提出反对意见。

2．服务原因

对于许多顾客来说，服务与商品质量都同样重要。导购的服务态度和所采取的具体服务措施也是顾客在选择商品时要考虑的重要因素。常见的异议包括维修、清洁保养、送货和服务费等。

> **案例**
>
> 顾客：你们的售后服务怎么样？
>
> 导购：我们的产品都是实行一年保修的，您放心购买吧！
>
> 顾客：我以前买过类似的产品，但用了一段时间后就开始漏油，后来拿到厂家去修，修好后过了一个月又漏油，再去修了以后，对方说要收5 000元修理费，我跟他们理论，他们还是不愿意承担这部分的费用，我没办法，只好认倒霉。不知道你们在这方面怎么做的？
>
> 导购：首先，我们的产品都经过ISO 9001质量认证，绝对不会出现您说的质量问题。再次，就算出现一点点质量问题，在一年内我们也是免费保修的。我们经营三年多时间以来，产品出现质量问题的比率一直低于5‰，您就放心吧！

3．来源异议

提出这类异议的顾客通常比较关心商品的产地、导购所在的公司等。譬如，"你是哪个公司的"、"公司有多大"、"我从未听说过这家公司，它肯定不大"等常见的异议方式。这类异议常常针对性很强，较难以回答。

4．时间异议

顾客在没有立即相信商品的价值时，往往会采取这种退一步的方法，即不立即做出购买决定。当顾客说"我下次再买吧"之类的话时，表明顾客在这一方面提出了异议。

温馨提示

时间异议的真正理由往往不是购买时间，而是在价格、质量、付款能力等方面存在问题。导购应抓住机会，认真分析时间异议背后真正的原因，并进行说服。即便不能说服顾客立即购买，也要为顾客的下次光临留下空间，争取其成为回头客。

真假异议的区分

伏尔泰曾说，语言的另一个妙用是隐藏我们的思想。有时，在顾客提出异议时，出于各种原因而不直接说出真正购买的原因，且刻意隐瞒"真相"，在这样的情况下，即使解答了异议，都不可能成交。

顾客提出异议也有真假之分，所以在处理异议前，导购一定要先区分异议的真假。

1．真实的异议

真实的异议指顾客表示目前没有需要，或对你的产品不满意，或对你的产品抱有偏见等真实的想法，例如，从朋友那里听说此种产品容易出故障，就直接向导购询问相关内容。

面对真实的异议，导购必须视状况采取立刻处理或延后处理的策略，以消除顾客对产品的偏见或不正确的认知。

2．隐含的异议

隐含的异议指顾客并不把真正的异议提出，而是提出各种真的异议或假的异议，目的是要借此假象达成隐藏异议解决的有利环境。

例如，顾客希望降价，但却提出其他如品质、外观、颜色等异议，以降低产品的价值，而达成降价的目的。

3．虚假的异议

虚假的异议分为两种：一种是顾客用借口、敷衍的方式应付导购，目的是不想诚意地和导购交流，不想真心介入消费的活动。

另一种是顾客提出很多异议，但这些异议并不是他们真正在意的地方，如"这件衣服是去年流行的款式，已经过时了"、"这车子的外观不够流线型"，虽然听起来是一项异议，但不是顾客真正的异议。

判断真假异议的"妙方"

◆ 观察提出异议的神态。比如，有的顾客不太了解你所售的产品，但又不愿花时间去听你讲解，也不想直接就否定了你的产品。他们可能会说"已经买了"，或"今天很忙，有空再买"之类的话作为搪塞。这就表明他们不想说出真正的异议。

◆ 倾听异议的具体内容。认真倾听顾客异议的内容，只要你仔细听，有时会发现有的顾客会提出一些与产品毫无关系的异议，而有的顾客却非常认真、具体地讲述异议，提出一大堆异议等你给予确切回答。

◆ 注意解答异议后的反应。在解答异议后，顾客若还是左右摇摆，迟迟不作决定，有两个可能性：一是他根本就没有购买的意愿；二是解说时感染力不强，双方没有交集点，答案不清晰。否则，异议妥协，肯定收效。

异议处理的六个步骤

在决定购买的过程中，人们总是忧心忡忡，这可能是源于过去的不良经验，或面对未知的不安与不确定感。他们总是担心：你真能完成你所作的承诺吗？产品品质如何？服务到位吗？能否如期交货？自己是否作了一个正确的决定？……

面对种种疑虑，导购要以善意、关怀的态度回应顾客，让他深刻感受到，你是在为他着想，为他提供问题解决之道。异议处理的前提是要能重视客户的感受，让顾客感觉"你明白并尊重他的异议"。以下是有关异议处理的六个步骤，可以有效地帮助你解决客户疑虑。

◇ 放松情绪，正确对待

我国有一句经商格言"褒贬是顾客，喝彩是闲人"。顾客异议是销售工作中的障碍，也是探测顾客内心反应的指路标。导购要认识到异议是必然存在的，在心理上要有一定的准备，要欢迎顾客提出异议。

听到顾客异议时，导购应保持冷静、豁达，不可动怒，也不可采取敌对行为，而必须继续以笑脸相迎，并了解反对意见的内容或要点及重点。导购一般多用下列语句作为开场白：我很高兴您能提出意见；您的意见非常合理；您的观察很敏锐。

面对顾客异议，导购可以从几个方面来表明诚意：

● **站在顾客的立场**："我明白您所考虑的，不过……"

- 保证马上行动:"我这就给经理打电话……"
- 说明答复或解决问题的时间:"请您稍等一会,10分钟后我会给您满意的答复。"

当然,如果要轻松地应付异议,导购必须对商品、公司政策、市场及竞争者都有深刻的认识,这些是控制异议的必备条件。

◇ 认真倾听,同情理解

导购听到顾客提出的异议后,应表示出对顾客所提意见的真诚欢迎,并聚精会神地倾听,千万不可加以干扰。倾听时,我们要听出异议背后的真正意思,留意关键字(情绪字眼)是什么。静静地聆听,不要急于回应他所说的每一句话。否则你来我往,容易造成争议的感觉。

倾听时应有好的态度,让顾客感觉到他的认同与尊重,点头、微笑、好的眼神接触,露出关怀的表情、肢体动作,认真记录。另外,导购必须承认顾客的意见,以示对其尊重,那么,当你提出相反意见时,顾客自然也比较容易接纳。

温馨提示

回答顾客异议的前提是要弄清顾客究竟提出了什么异议,这就需要导购认真地倾听。

在听的过程中,导购要做到:
- 认真听顾客讲;
- 让顾客把话讲完,不要打断顾客谈话;
- 要带有浓厚兴趣。

在听的过程中,导购应避免:
- 打断顾客的话;
- 匆匆为自己辩解;
- 竭力证明顾客的看法是错误的。

导购在面对顾客异议时，还要对顾客表现出理解和同情。顾客对商品提出的异议，通常带有某种主观情感在里面，所以导购要向顾客表示你已经了解他们这种感情，并通过下面的话告知顾客：

● "我明白您的意思了。"
● "很多人就是这么看的。"
● "这个问题您提得很好。"
● "是的，这一点很重要。"
● "我知道您的具体要求了。"
● "我理解您为什么会有这种感觉。"

对顾客表现出同情心，意味着你理解他们的心情，并明白了他们的观点，但并不意味着你完全赞同他们的观点，而只是了解了他们考虑事情的方法和对商品的感觉。比如：

某顾客：你们的价格太高了吧？

导购：我理解您为什么会有这种感觉……

这种表示理解的表述，目的在于承认顾客对价格的忧虑，但却没有表示赞同或表现出防卫的意识。

温馨提示

在答复顾客的反对意见时永远不要使用"但是"或"然而"这样的转折词。用了这两个词就好像是在马上否定他们前面的那句话，因而也就在导购和顾客之间竖起了一道障碍。如果你一定用连词的话，请用"那么"。

◆ 错误表述："是啊，似乎是贵了点，但是……"

◆ 正确表述："陈先生，我理解你的观点，让我们就来谈谈这个问题。"

这样你就与顾客建立了一种合作的关系，而不是敌对的关系。

◇ 稍作停顿，友善回应

当客户表达完异议时，不要立刻回答，要停顿3—5秒钟，表现出你在仔细考虑客户所说的话，然后很有风度、很关怀地回应。你可以用一些开放式的问句，以明确他的问题：

- 您为什么会这样想呢？
- 您为什么会有这样的感觉呢？
- 您真正的意思是……？
- 您最关心的是什么？
- 您显然有很好的理由，我能请教那是什么理由吗？

当你作这样的询问时，顾客很自然地就会作进一步的阐述，并且澄清他反对的理由。你可以很有技巧地重复使用这个问句模式，顾客将会给你更多、更详尽的资讯。一般而言，只要你用这样的问句不断地问他，他往往自己就解开了反对的疑虑。

◇ 选择时机，审慎回答

导购对顾客提出的异议，一定要选择恰当的时机，以沉着、坦白、直爽的态度，将有关事实、数据、资料或证明展示给顾客。措辞要恰当，语调要温和，并在和谐友好的气氛下进行商洽，以解决问题。

同时，导购还要引导顾客回答他们自己的异议。有一句销售格言："如果你说出来，他们会怀疑；如果他们说出来，那就是真的。"顾客提出异议，说明在他们的内心深处想进展，只要引导他们如何进展就行了。

导购回答顾客提出的异议，其目的是要转移异议（抗拒点），对于顾客真正关心的问题，可以运用下列的方式，转移他们关注的焦点：

- 我很感激，同时……
- 我很认同，同时……

- 我很了解，同时……

例如，顾客谈到价格问题时，你可以这么回应："价格是很重要的，同时价值才是真正重要的，您说是不是呢？"

在这里要提醒的是，连接词要用"同时"，而非"但是"。"同时"一词具有认同、一致性、受尊重的感觉，而"但是"一词则具有否定、反驳的意味。为了达到转移顾客异议的目的，我们可以从以下方面来回答他们的问题：

- 阐述产品可以带给客户好处的利益陈述是……
- 产品或服务可以带来的价值是……
- 因为它是值得的，……
- 因为它是最好的，……
- 因为它可以带给你……
- 当你拥有（开始使用、得到）……对于你的好处利益陈述是……
- 当你拥有（开始使用、得到）……可以带给你的价值是……

另外，选择适当时机答复顾客的异议，可以使导购的销售工作事半功倍。根据情况，一般有四种答复顾客的时机：

- **立即答复**。如果顾客异议源于价格、偏见或缺乏对商品的了解，导购应立即给予答复。因为持这些异议的顾客都是想进一步了解商品，如不能及时满足，顾客就很可能会放弃对商品的了解兴趣，从而远离销售活动。所以，导购要抓住时机，争取销售成功。

- **提前答复**。如果觉察到顾客马上就会提出某种异议，导购明智地抢在顾客前面将问题先提出来，是处理异议的最佳时机选择。因为这样，导购可以争取主动，先发制人，避免去纠正顾客的看法，或反驳顾客的反对意见，也避免与顾客发生争执。

- **延后答复**。导购对于顾客的借口、自我表现或恶意反对等异议，可以延后答复或不予答复，因为持这三种异议的顾客，在心理上和导购是处于对立状态的，如果贸然与顾客讨论反对意见的正确与否，只会加深这种对立。

● **不予答复**。许多异议不需要回答，如：无法回答的奇谈怪论；容易造成争论的话题；废话；可一笑置之的戏言；异议另有目的，不是异议本身；异议具有不可辩驳的正确性；明知故问的发难等。

导购不回答时可采取以下技巧：沉默；装作没听见，按自己的思路说下去；答非所问，悄悄扭转对方的话题；插科打诨幽默一番，最后不了了之。

◇ 避开枝节，机智应对

导购往往因为一个与推销商品毫无关系的问题而陷入争吵，其结果必然变为不是收获甚少，就是毁掉一切。对于导购来说，你只需注意顾客对商品的意见就够了，要尽量回避没有多大价值的枝节问题，以节省交流时间，提高销售效率，减少那些不必要的麻烦。

顾客异议有疑虑、误解和缺点之分，导购应针对不同的异议采取不同的应对措施：

1. 消除疑虑

疑虑说明顾客需要有力的证据。导购应提供相关的资料，证明产品确如所说的那样能给予顾客利益，满足其需求。需要注意的是，证明资料必须是相关的，也就是要针对顾客所怀疑的特征和利益。

> **案例**
>
> 顾客：我这种身材，穿什么都不好看。
> 导购：身材不好才更需要修饰嘛。

2. 克服误解

产生误解是由于顾客不了解产品，或得不到正确的资料，如你没有问及或顾客没有听到都可能产生误解。但问题的根本点是误解背后顾客有需要。

所以要澄清该需要，并说明该需要。

> **案例**
>
> 顾客A：产品的规格太少了，有好多顾客买不到适合自己的商品。
>
> 导购：我们精心挑选的这几个品种是顾客最喜欢、销量最大的，虽然更多的品种确实能带来更多的销售额，但如果是您，您愿意占用更多的资金和库存吗？

3．面对缺点

在"坦率但不草率"的基础上，努力淡化顾客的注意和在意程度，具体为"表示了解该缺点"——"把焦点转移到总体利益上"——"重提前面讨论中顾客已接受的利益，淡化缺点"——"询问是否接受"。

> **案例**
>
> 顾客：这款手机功能真是强大，设计也非常棒，可惜体积大了一点。
>
> 导购：您说得很有道理，确实大了一点。但强大的功能肯定需要更多的硬件配置，至少屏幕就需要大一倍，如果太小，您使用起来就不方便了。

对于一些无理取闹、情绪化的异议，或顾客的反对意见和眼前交易毫无关系的话题，导购只需面带笑容地表示同意。特别是一些"为反对而反对"或"只是想表现自己的看法高人一等"的顾客意见，导购只须以诚恳的态度对待，并迅速引开话题。如：微笑点头，表示"同意"或"听了您的话"，或者说"您真幽默"、"嗯！真是高见"。

◇ 避免争论，留下后路

正如一位哲人所说："你无法凭争辩去说服一个人喜欢啤酒。"争辩是销售的第一大忌。记住,不管顾客如何批评,导购永远不要与顾客争辩,与顾客争辩,失败的永远是导购。一句推销行话是:"占争论的便宜越多,吃销售的亏越大。"

温馨提示

导购在回答顾客异议时难免会陷入争论,甚至不知道是怎样开的头,也弄不清究竟是由谁挑的头,这就要求你必须牢记:

不管顾客怎样激烈地反驳你,不管他的话语怎样与你激烈地针锋相对,想和你吵架,你也不要争论。宁可在争论时输给顾客,也要把商品销售出去,这才是真理。

另外,我们应该明白顾客的异议不是能够轻而易举地解决的。如果根据洽谈的结果,认为一时不能与他成交,那就应设法使日后重新洽谈的大门敞开,以期再有机会去讨论这些分歧,从而获得最终的胜利。

小测试

请你回答下列问题,并根据提示判断和改善自己的行为。

1. 你有与顾客大吵大闹的经历吗?　　　　　　　　　□是　□否
2. 你曾经与顾客辩论过吗?　　　　　　　　　　　　□是　□否
3. 你害怕顾客提出问题吗?　　　　　　　　　　　　□是　□否
4. 在顾客提出异议时,你的销售是不是大多是失败的?□是　□否
5. 你认为成交的关键在于运气吗?　　　　　　　　　□是　□否

※ **提示**:这五个问题中,如果你有三个以上的回答为"是",那你需要好好摆正心态,学习处理顾客异议的技巧;如果你的回答全部为"否",这说明你已经比较熟练地运用了处理顾客异议的技巧。

异议处理的八种方法

顾客的问题和异议就是销售的机会，要把握机会，耐心聆听并认真解答顾客的异议，为顾客提供令其满意的服务。

然而，顾客异议多种多样，其处理方法也千差万别，解决异议也需要相应的技巧，导购必须因时、因地、因人、因事地采取不同的处理方法。导购在商品销售过程中，常见的处理顾客异议的方法主要有以下八种：

◇ 让步处理法

让步处理法，即导购根据有关事实和理由来间接否定顾客的意见。首先，导购要承认顾客的看法有一定的道理，也就是向顾客做出一定的让步，然后才讲出自己的看法。

导购在使用这一方法时，一定要尽量少用"但是"一词，而实际交谈中却包含了"但是"的意思，这样效果会更好。导购只要能灵活掌握这种方法，就会使洽谈气氛保持良好，为自己的谈话留下余地。

案例

顾客：你推荐的衣服颜色早过时了。

导购：小姐，您的记忆力可真好，这种颜色几年前已经流行过了。我想您一定知道，服装的潮流是轮回的，如今又有了这种颜色回潮的迹象。您选购这件衣服，不只是顺应潮流，更是引导潮流了。

◇ 转化意见法

转化意见法，是利用顾客的反对意见本身来处理顾客异议。顾客的反对意见有双重属性，它是交易的障碍，同时又是很好的交易机会。导购应学会利用其积极因素去抵消其消极因素。

> **案例**
>
> 小D在商场门口推销化妆品,她向一个从身边经过的顾客进行推销。
>
> 顾客:"对不起,我很忙,没有时间和你谈话。"
>
> 小D:"正因为您忙,您一定想过要设法节省时间吧,我们的化妆品5分钟就能完成一个淡妆,能为您节省很多化妆的时间,我帮您试试,好吗?"
>
> 这样一来,顾客就会对小D的产品留意并产生兴趣。

转化意见法就是直接利用顾客的反对意见,转化为赞同意见,但在具体应用这种技巧时,导购一定要注意讲究恰当的礼仪,绝不能伤害顾客的感情。切记,此法一般不适用于与成交有关的或敏感性强的反对意见。

⇨ 以优补劣法

在某些时候,顾客的反对意见正好切中导购所推荐的商品或所提供的服务中的缺陷。如果遇到这种情况,导购千万不能回避或直接否定,明智的方法是肯定有关缺点,然后淡化处理,利用产品的优点来补偿甚至抵消这些缺点。这样有利于使顾客的心理达到一定程度的平衡,有利于使顾客做出购买决策。

> **案例**
>
> 刘大姐正在商场出口处推销一些断码的服装。
>
> 顾客:"这些服装皱巴巴的,号码也不全,一看就是仓底货!"
>
> 刘大姐:"这种产品的确是去年的尾货,所以我公司削价处理,价格优惠了50%,您不赶快挑,可真的没有您穿的码了;而且这衣服拿回家烫一

下，就是一件新衣服了！"

这样一来既打消了顾客的疑虑，又可以用价格优势激励顾客购买。

◇ 意见合并法

意见合并法，是将顾客的几种意见汇总成一个意见，或者把顾客的反对意见集中在一个时间讨论，总之是要起到削弱反对意见对顾客所产生的影响，保证销售活动的顺利进行。

温馨提示

导购在听完顾客的陈诉后，可以这样回答："您的这些想法是可以理解的。集中起来就是它能否在低压状态下使用。经测试……""其实您最关心的就是毛衣会不会缩水、会不会变形，这您绝对可以放心，因为这是经过××工艺加工过的，任何情况下都不会缩水、变形。"

注意不要在一个反对意见上纠缠不清，因为人们的思维有连带性，往往会由一个意见派生出许多反对意见。因此，要在回答了顾客的反对意见后马上把话题转移开。

◇ 直接否定法

直接否定法指导购根据事实直接否定顾客异议的处理方法。直接否定对方容易使气氛僵化而不友好，使顾客产生敌对心理，不利于顾客接纳导购的意见，因此这种方法应尽量避免。

> **案例**
>
> 一位顾客正在试穿一件羊绒大衣，问道："为什么这件大衣的纽扣要用这种水晶扣而不用金属扣呢？看起来好像不是很协调，都是为了便宜吧？"
>
> 导购回答道："我理解您的意思，但这种纽扣可绝对不比金属的便宜，甚至要更贵一些。您看，这是件浅色的大衣，料子也非常好，采用这种水晶扣不但能保护衣服不受刮伤，更能增加衣服的品位。您说是吧？"

使用直接否定法处理顾客异议的时候，一定要明白这是直接反驳顾客意见的方法，导购在表述时，语气要柔和、委婉，绝不能让顾客认为导购是有意与他争辩，这样才能维护顾客的自尊心，从而产生达成交易的可能。

优势对比法

优势对比法指导购将自家产品的质量、价格、特性等与竞争产品相比较，从而突出自家产品的优势来处理顾客异议。

温馨提示

如在顾客提出某一异议时，导购可以这样答复："您说得很有道理，这是此类产品的通病，目前国内还没有哪家企业能够彻底解决这个问题。但是，我们的产品与其他同类产品相比，在这方面是做得最好的。"

运用优势对比法时，一定要选择该商品可比性较强的优势，这一优势必须能带给顾客更大的利益和好处，让顾客觉得选购这种商品更合适。

比喻处理法

顾客因为对商品不了解而提出的反对意见，导购应该进一步解释，以帮助顾客了解该商品，进而达成交易。比如，导购可以通过介绍事实或采用恰当的比喻，以及使用实际展示等较生动的方式解决问题，消除顾客的疑虑。

> **案例**
>
> S化妆品店正在营业。
>
> G顾客："一张好好的脸，抹上那么多层化妆品，那还不抹坏了？"
>
> 导购："您看，裹在很多层衣服里面的皮肤和面部皮肤不一样，它很细嫩，不易产生皮肤问题和老化现象（导购卷起衣袖让顾客看），这是因为衣服阻隔了大部分的阳光照射和空气中的粉尘、污垢，使皮肤不容易受到伤害。
>
> 面部皮肤常受日晒和粉尘污染，很容易产生黑黄色素过重、长粉刺和过敏等问题。所以我们应该在面部同时使用几种不同作用的护肤品，给面部穿上衣服，使它不易受到外界的侵蚀，同时也达到了预防和改善皮肤问题的目的。"

运用如此生动的比喻将深奥的道理变为浅显的事实，很容易帮助顾客了解商品的功能和用途，并对所要购买的商品产生好感，从而达成交易。这种处理异议的方法就是比喻处理法。

⇨ 讨教顾客法

导购在遇到顾客的反对意见时，可以积极地向顾客讨教，从而和顾客进行讨论，在讨论中说服对方。

> **案例**
>
> 奥·亨利是美国汽车行业的模范推销员。一次，一位傲慢的顾客对他说："什么？怀特汽车？你送我一辆我也不要，我要的是胡威汽车！"
>
> 奥·亨利听了，微笑着说："您说得不错，胡威汽车的确很好，该厂设

备精良，信誉也好。既然您是位专家，那太好了！不知道您今天是否有空儿，我想向您讨教一下怀特汽车的特点与性能，还望先生不吝赐教。"

于是他们转入对怀特汽车的谈论。奥·亨利巧妙地借机介绍了汽车的优点，争取了顾客的认同，做成了生意。

向顾客讨教的方法能充分满足顾客的表现欲望，导购也因此可以获得和顾客交流的机会。只要导购有足够的事实、数据的证明和准备，并保证气氛的友好，就一定能说服顾客，达成交易。

如何预防顾客异议

在销售过程中，顾客提出的异议可能多种多样、难以预料，但优秀的导购往往可以推理出顾客可能在什么问题上提出异议，并可以提前作好处理异议的准备，或是主动地把顾客可能提出的异议讲解给顾客听，从而有效预防顾客异议的产生。

1. 为何预防顾客异议

提前预测和判断顾客异议，不仅可以防止顾客可能公开提出的异议，还可以把隐藏在顾客心里的异议虚拟出来进行化解，避免暗中的异议阻碍。因此，在商品销售过程中，预防新的异议有其独特的好处，是很好的销售方法。

- 可以先发制人，从而有效地防止顾客提出异议。
- 可以缩短销售洽谈过程，节省时间，提高销售效率。
- 它可以使导购处于主动地位，在顾客面前表现出更大的信心。
- 可以有力促进顾客的购买，为顺利成交创造良好的条件。

2. 预防顾客异议的方法

优秀的导购曾总结出一些预防顾客异议的好方法。这些方法不但可以预防顾客异议的发生，即便顾客提出了异议，也能够做到临危不乱。预防顾客异议的方法主要有三种：

- 在处理顾客异议时涵盖通常会遇到的共同异议。
- 涵盖所预料的特殊潜在顾客提出的特殊异议。
- 准备好即刻回答实际中可能出现的异议。

3. 预防顾客异议需要注意的问题

- 预防处理法不适合用于自高自大、自以为是、爱唱对台戏的顾客。
- 预防处理法不适合用于处理无关、无效异议。
- 预防处理法不适合用于处理涉及顾客主要需求与主要购买动机方面的异议。
- 预防前须科学地预测顾客可能提出的异议，然后做好预防工作。
- 必须淡化自己提出的异议，以防止顾客提出新的购买异议。
- 预防新异议时，要讲究用词及说话的证据，不可将顾客作为批评与反驳的对象。

第七章

交易促成——为销售划上完美句号

成交是完成现场导购全过程的最后阶段。引起注意、诱发兴趣、激发欲望等一系列活动都是为了成交。导购在此过程中要仔细观察，及时发现顾客下意识发出的购买信号，并及时提出成交建议，促成交易的实现。

交易促成是销售过程的重要一环，也是导购梦寐以求的结果。事实上，每一个导购都希望自己洽谈的每一位顾客最终都能达成交易。在交易促成的过程中，导购可以运用各种技巧和方法帮助顾客做出最终的购买决定，为销售活动划上完美的句号。

那么，如何才能有效地促成交易呢？有哪些策略和技巧可以帮助导购有效促成交易呢？在促成交易的过程中又有哪些注意事项呢？

开篇案例

四毛钱买"唐伯虎"

1982年12月下旬，小王和同事去新华书店闲逛，看到一幅古朴的中国古代名画很有艺术魅力。店员看见他们停在挂历前指指点点，不等他们开口，马上从货架上取来一本，摊开任由他们翻看，同时微笑着说："二位真有眼光，识货！"

听了这暗含恭维的话，他们也颇为得意，仔细欣赏一番后，一看价钱："好家伙，五块四！"要知道，这个价钱在当时能买8斤猪肉，相当于小王月工资的1/10。两人几乎异口同声地说："太贵了！"

"贵？十二幅名画，五元四角，一幅才多少钱呀！4毛多一点！"店员说着，又指着挂历的一页感叹："真是好东西呀！"这页挂历的图为唐伯虎所作，诗、书、画三者俱佳，确实不错，他们深有同感。

于是，两人同时掏钱，一人买了一本挂历。

五元四角在今天看来不算什么，但当时却是一笔不小的开支，而且顾客进店时纯为浏览，更不要说买这么贵重的东西了。那么，店员又是如何促成这笔交易的呢？

● **敏锐的观察力**：一进店门，顾客就被这幅挂历所吸引，并产生了兴趣，店员因此断定这幅挂历在顾客的心目中价值颇高，很快取来挂历让顾客仔细欣赏。

● **适时赞美顾客**：在顾客欣赏挂历时，店员针对性很强地介绍了三言两语，尤其是"二位真有眼光，识货"的确是找准了敏感点，引起了顾客的共鸣。

● **价钱分解术运用**：在买与不买相持不下时，店员的"十二幅名画，一幅才多少钱呀"一句话使顾客拿定了主意。价钱分解术的恰当运用，终于促成了这笔买卖。

激发顾客购买欲望的四种方式

有欲望才会有成交的可能。等待欲望？不，应该积极地去创造欲望，运用你的语言、表情、动作，去勾勒一幅使用产品后的幸福画面，然后，带着顾客在想像的空间遨游。当一个人知道如何飞翔时，他是不能满足于走路的，因此，当顾客对商品生成拥有的欲望时，成交已经掌握在你的手中。

◇ 营造热销氛围

要激发顾客的购买欲望，首先要创造一种能够感染顾客，唤起顾客的好奇心和从众心理，并促使其参与购买行动的热销氛围。比如利用道具、灯光、POP、彩条广告、促销陈列、背景音乐等，塑造与渲染热烈的销售气氛或商品热销的场景。

1．道具、促销用品的摆放

在卖场中有序摆放专柜、展牌、POP、宣传品等，可以让顾客感受到店铺热销的氛围。这对于购物的顾客来说，能够起到极佳的提示与促销效果。

案例

某鞋店除了在店内挂满了彩色的POP广告外，还让导购每销售完一箱产品，即将空箱摆放在门前，人们看到每过十几分钟就空出一个箱子来，感觉好东西都让别人买去了，自己当然不能吃亏，所以纷纷加入抢购的行列。

2. 声音的运用

常说"先声夺人",声音能在第一时间内引起人们的注意。因此,很多店铺都会在店内播放欢快的音乐,以营造热烈的销售氛围,刺激顾客的购买欲望。

除了播放音乐外,导购还可以通过语言来营造热销气氛,调动顾客购买商品的急迫感,从而营造出热烈的销售气氛。一名优秀的导购应该懂得利用语言营造热销气氛,突出商品的紧俏性,刺激顾客的购买欲望。

> **案例**
>
> 作为导购的小王,在向顾客推荐商品时,常会这样告知顾客:
>
> "目前这款裤子卖得非常好,预定的人很多,每天都可以卖十几条,而且用过的反映都很好,有很多人用过之后,还带朋友来买……"
>
> "这款裤子现在只剩下两条了,如果您不马上决定的话,很可能再过一分钟就被其他人买走了……"

3. 从不同角度来刺激顾客的感官

顾客认知商品是靠视觉、听觉、嗅觉、味觉、触觉等各种不同的器官,从不同角度来刺激顾客的不同感官,有利于顾客产生购买欲望。

比如服装挂出来,让顾客能触摸或试穿,这是视觉和触觉;食品让顾客试吃,这是味觉;商场里放着优美的音乐,这是听觉。这些都是常用的促销手段,可以单独使用,也可以组合起来使用。

> **案例**
>
> 大型超市里一般都设有面包坊,不仅利润很可观,而且可以带动其他商品的销售。因为每次面包一出炉,整个卖场都飘着面包香。顾客从旁边走过,不仅产生买面包的欲望,而且面包香营造了一个很温馨的气氛,再加上美妙的音乐、热情服务的导购,让顾客感到心情轻松、愉快。

◇ 用"如同"取代"少买"

案例

有一所医院,院长花钱很吝啬。一次护士洗面盆上面的镜子破了,打报告请求换一个,但是院长没批。这位护士灵机一动,重写了一份报告,把镜子写成了"人体反映器",院长很快就批准了。

上面的案例中,同样一件事情,换一种说法就获得了成功。同样道理,我们的导购在促成交易时,也可以借鉴这种做法,用"如同"取代"少买",减少顾客的心理负担,顺利促成交易。

1. "如同"的购买方式

将商品的价格拆解之后,导购可以把小数额的金钱以类似的形式,转化为顾客具体生活中所必需花销的数目,将其与顾客必须购买的其他商品等价,从而在心理上促使顾客接受,这种激发购买欲望的方式就是"如同"。

温馨提示

一部手机的价格为3 000元,如果按照3年计算,每年的花费为1 000元,每个月的花费为90元左右。这样,相比较3 000元,90元使得说服难度降低,顾客容易接受。

运用"如同"规则,导购可以将90元等同于顾客吃一餐饭或购买一件普通衣服的花销。

2. 用"少买"替代"如同"的影响

将商品的价格拆解,并将小数额的金钱与顾客必须购买的其他商品等价后,导购若运用"少买"替代"如同",这种方式就是"少买"。

尽管"如同"和"少买"在内容上没有多大的区别,但是会引起顾客很大的心理落差，会让顾客产生不同的心理感受。

比如：同是价值3 000元的手机，导购告知顾客一部手机能用3年，每月约为90元，就像少吃一餐饭或者是少买一件衣服。这时顾客就会认为，要买手机就得节衣缩食，就得付出很大的代价。

温馨提示

如果没有特殊的情况，一部电脑可以正常使用3年，所以平均下来每月约为200元。

"如同"方式：就如同每天去网吧消费一样。所引发的心理反应——小数目金钱引发顾客的购买欲望。

"少买"方式：只要少去几次网吧，就可以了。所引发的心理反应——少去上网，让顾客产生痛苦的感觉。

在销售行为的法则中，当导购将顾客接下来的购买行为与痛苦相结合时，就会在不知不觉中降低顾客80%的购买欲望；而与快乐连接在一起时，则成功地刺激了顾客80%的购买欲望。

知识链接

生命周期法：指门市销售人员将高昂的价格分解为数额较小的价格，以免顾客无法接受，产生恐惧感。将高的价格分解为数额较小的价格，使得顾客容易接受。

价格的拆解：即将高价位分解为每年、年月，甚至每天顾客必需的花销的方式。例如，一台质量非常好的空调，假设价格为8 000元，门市销售人员可以将其均分到8年中去，即每年为1 000元，最终金额就从8 000元降低为1 000元。

⇨ 运用第三者的影响力

运用第三者的力量可以很好地激发顾客的购买欲望。第三者的力量可以使顾客获得替代的经验，容易相信产品。情景、名人和专家都可以充当第三者的角色。

1．情景

在销售过程中，情景作为第三者，可以使顾客获得间接的使用经验，从而引起相应的心理效应，刺激购买欲望。

【案例】

在汽车维修服务的销售过程中，导购小Y通过情景作为第三者来表述汽车维修的重要性。

小Y："上周一下午，我的朋友王大维开的车在高速公路上抛锚了，那时正是下班高峰期，车来车往的十分危险。其实早在一个月之间，我就曾经劝王大维要好好保养汽车，但他就是不听，完全不重视维修，结果车子开到高速公路时皮带断了，差点引起车祸。"

小Y通过亲自口述相似的情景，使顾客了解到不重视维修的恶劣后果，引发心理上的恐惧感，有效地刺激了顾客的购买欲望。

2．名人

名人可作为销售过程中的第三者。以名人第三者作为证据，顾客就容易信赖产品的质量和品味。若采用名人作为第三者，导购需要注意在平常多积累名人证据。

3．专家

专家具有较强的专业领域的权威性，若作为销售过程中的第三者，顾客会非常信赖产品的质量。专家一般包括专业领域的学者、权威专业杂志、权威专业报纸等。

> **案例**
>
> 郑州某塑胶厂成立于1997年，前不久开发研制出了一种叫"新一代无滴露大棚塑料模"的新产品，原以为可以稳赚一把，哪知产品因打不开销路而急剧积压。
>
> 厂领导在认真听取各方意见后，对市场进行了全方位调查摸底，决定利用新产品与农民生产关系密切这一特点，用园艺专家和蔬菜专家作新产品的促销。此举一出，立即得到了农民这一消费群体的重视与认可，产品供不应求，摆脱了滞销的困境，走向了全国。

◇ 运用人性的弱点

> **案例**
>
> ### 糖果里面的秘密
>
> 在一家食品店里，顾客们常常喜欢排成长队在一位导购那儿购买食品，而别的导购却无事可做。
>
> 一天，店领导问她有什么诀窍。
>
> "很简单，"她回答说，"别的导购在称糖时，总先装得满满的，而后往外取出；我却相反。先装得少一些，过秤时添上一些，并随便说了一句'多送您两颗，谢谢您光顾'，这就是我的窍门。"
>
> 所谓的"窍门"，只不过是利用了人们的心理错觉罢了。虽然导购卖糖时斤两都不多不少，但如果先装多了然后往外取，顾客认为是从他的袋子里往外掏糖果，在心理上就容易怀疑短秤；相反，先把糖装少，过秤时再添，顾客对导购就产生了信任感，还以为自己占了便宜。

基本的人性弱点有渴望多赚、少花钱、喜欢尊贵、乐于与众不同、喜欢攀比等，导购在激发顾客购买欲望的时候，可以借助和运用这些人性的弱点，达到促成销售的目的。

1．多赚

多赚的心态在购买中表现为希望花费相同数目的钱赚取更多的利益。赠品可以很好地满足顾客多赚的心态。但在派送赠品之前，导购需要认真调查顾客最喜欢何种赠品，搜集顾客的相关信息，为企业确定赠品提供参考。

温馨提示

从实际的分析来看，实际的赠品附带有一定的购买条件，尽管赠品的价格不高，但是顾客并不愿意直接花钱购买相应的赠品，而是要达到获得赠品的购买条件，这就是赠品的魅力。人性的弱点会认为获得赠品的购买条件是必须的，获得赠品就是多赚。

2．少花

与多赚的心态相对应，少花也是一种人性的弱点。促销、打折、会员卡、免费维修、免费更换零件都属于少花行为。通过促销、打折、会员卡、免费维修、免费更换零件，都可以使顾客少花钱，从而极大地刺激其购买欲望。

案例

在节假日或换季时期，很多商场和店铺都会打出降价促销、打折优惠的牌子，而越来越多的商场超市则设立各种会员制度，以积分、优惠、返利等方式吸引更多的顾客，这些都是建立在人们追求"少花钱、多办事"这种心理上的销售方式。

3．尊贵

优先权、金卡、会员卡等都是荣誉与尊贵的象征，拥有一张卡，或拥有优先权，代表着身份与众不同，尤其当其与荣誉和尊贵相联系的时候，会很好地刺激顾客的购买欲望。

4．与众不同

比较年轻的人群追求与众不同。流行、名牌、不同的眼神，都会刺激消费者强烈的购买欲望，因此，导购需要告知顾客购买产品之后，与众不同的所在，借此激发这部分顾客的购买欲望。

> **案例**
>
> 某购物网与一模特公司合作，推出彰显尊贵的白金服务套餐。凡在该购物网购买情人节白金套餐的顾客，均可享受白金套餐服务，即由名模（顾客指定）在顾客指定的时间为该顾客的情侣送去情人礼物，并代顾客表达对顾客的他（她）的爱意。
>
> 据网站负责人介绍，此次代言爱意的模特是岛城顶尖的名模——世界环球小姐特别形象代表、哑女名模姜馨田和2003环球小姐山东赛区冠军刘文婧，效果的确是不同凡响。

5．比较心

比较心的存在非常普遍。如很多顾客在选购商品时，根本不是由于急需或必要，而是仅凭感情的冲动，存在着偶然性的因素，总想比别人强，要超过别人才好，以求得心理上的满足。其动机的核心是争强斗胜。

导购可以利用比较心的人性弱点，从商品的功能和特性、使用者等方面进行比较，真正激发顾客心中的购买欲望。

> **案例**
>
> 在购买私家车越来越普遍的今天,存在着五种消费心态:
>
> 一是攀比心理,你有了车,我也得有车,否则没面子;
>
> 二是品牌攀比,你有夏利,我就有捷达,你有捷达,我就有本田;
>
> 三是从众心理,一家买夏利,左邻右舍也跟着买夏利;
>
> 四是爱面子,好像不买车、不谈车就像不懂足球一样,显得没品位;
>
> 五是冲动心理,满足于拥有一辆车就行,特别是一些刚参加工作的年轻人;
>
> 还有一种理智型消费者,但数量很少,比例不会超过10%。

识别顾客购买的三大信号

顾客在认同并决定购买导购推荐的商品时,会不自觉地发出一些购买信号,比如积极的话语、认同的微笑、理解的眼神等。这些信号预示着达成交易的时机已经到来。导购一定要把握这一时机,及时识别顾客的购买信号。

◇ 语言购买信号

在很多情况下,顾客的购买意向是通过语言表示出来的。这些语言能够比较明确地表达顾客的购买意向,是比较好的达成协议的时机。

> **案例**
>
> 顾客W在某服装专柜试穿了一套纯毛西服。
>
> 顾客W:"价格能不能再低一些?"
>
> 导购H:"很抱歉,我们专卖店的货品保证质量,都不打折。"
>
> 顾客W:"如果出现质量问题怎么办?"
>
> 导购H:"如果发现质量问题,您一个星期之内都可以换货。"

> 顾客W:"那这套西服平时应怎样洗涤?"
> 导购H:"因为这是纯毛料质地,所以您最好都到干洗店干洗。"
> ……
> 从这些问题来看,顾客很可能是已看中了这套纯毛西服,并且已经有购买的打算。只要导购积极地回应这位顾客的问题,打消他的疑虑,成交的可能性就会很大。

顾客在决定购买时,通常会提出这样一些问题:商品的运输、储存、保管、拆装等;商品的使用与保养的注意事项,零配件的供应等;开始讨价还价,或问是否可以再降点价等;对商品的一些小问题,如包装、颜色、规格等提出具体的修改意见与要求;用假定的口吻与语句谈及购买等。

如果顾客的语言由提出异议、问题等转为谈论以上内容时,导购可以认为顾客在发出成交的信号。以下都是一些顾客成交前的语言信号:

- 这种商品的销售的情况怎么样?
- 你们的最低折扣是多少?
- 你们将如何进行售后服务?
- 现在购买有赠品吗?
- 可以退货吗?
- 还有更详细的资料吗?
- 我想问一下妻子的意见。
- 可以分期付款吗?
- 我想看一下合同的条款?
- 我以前买的A牌真的太费电了!
- 听起来倒挺有趣的……
- 我想……
- 它可不可以被用来……
- 多少钱?

- 是、对、当然

  ……

◇ 行为购买信号

顾客在洽谈过程中会通过其肢体语言和动作行为表现出某些成交的信号，导购可以通过观察顾客的动作，识别顾客是否有成交的倾向。

> **案例**
>
> 一位顾客想选购一个坤包，当她看到一个粉红色的皮质坤包时，她将包拿下来挎在肩膀上，对着镜子照来照去，并翻看价格牌。
>
> 这时候，导购应该抓住机会，赞美顾客几句，基本上就可以成交了。

顾客一旦完成了认识和感情的过程，拿定主意购买商品，就会觉得一个艰苦的心理活动结束了，于是他会出现这样一些不同的动作：行为由静变动或由动变静，动作由紧张变为放松，或者由单方面动作变为多方面动作等。

当上述情形中的任一情形出现时，你都可以请求成交，因为你看到了正确的购买信号。以下是顾客成交前常表现的行为信号：

- 拿起商品认真地玩味或操作，并查看商品有无瑕疵。
- 重新回来观看同一种商品或同时索取几个相同商品来比较、挑选。
- 表示愿意先试商品。
- 开始注意或感兴趣，比如反复翻看价格单、翻阅商品说明和有关资料。
- 不再发问，若有所思，或不断地观察和盘算。
- 离开后又转回来，或转向旁边的人说："你看怎么样？"
- 突然变得轻松起来，态度友好。
- 突然放开交叉抱在胸前的手（双手交叉抱在胸前表示否定，当把它们放下时,障碍即告消除)。
- 身体前倾或后仰,变得松弛起来。
- 松开了原本紧握的拳头。

……

◇ 表情购买信号

顾客通过面部表情表现出来的成交信号,反映了顾客的心情与感受,但通常表现得比较微妙,且具有一定的迷惑性。这就要求导购善于观察,及时抓住这些稍纵即逝的信号。

优秀的导购可以经过反复观察和认真研究,从顾客微妙的表情变化中读出成交的信号。以下都是一些顾客成交前的表情信号:

- 眼睛转动由慢变快,眼睛发光,神采奕奕,腮部放松。
- 由咬牙沉思或托腮沉思变为脸部表现明朗轻松,活泼友好。
- 情感由冷漠、怀疑、深沉变为自然、大方、随和、亲切。
- 面露兴奋神情,盯着商品思考。
- 顾客紧锁的双眉分开,眼角舒展,面部露出友善及自然的微笑。
- 顾客身体微向前倾,并频频点头,表现出有兴趣的样子。

……

除了以上这些表示成交的信号外,有时顾客会突然对你表现出友好和客气的姿态,例如,对你说"你真是个不错的导购"、"你真的对你的商品很熟悉"等,都表示顾客已经准备成交了。但如果顾客东张西望,并不停看表,或没听完产品介绍就拿起自己的东西准备离去等,这些信号都表示顾客拒绝购买。

请密切注意顾客所说的和所做的一切,千万不要因为自己太过健谈,从而忽视了顾客的购买信号。任何时候,你认为你听到或看到了一种购买信号,你就立即向顾客提出成交的请求。

促进成交的六个技巧

在捕捉到顾客的购买信号时，导购一定要抓住机会，给予适当的提示，这样做，很多时候会加快和坚定顾客的购买决心。但要注意，促进成交的技巧要因人而异，一般有以下六种。

⇨ 二选其一

当顾客一再出现购买信号，却又犹豫不决、拿不定主意时，导购可利用"二选其一"的技巧，向顾客提供两种或多种选择方案，促使顾客从多种方案中决定一种。

温馨提示

譬如，你可对顾客说："请问您要那部浅灰色的车还是银白色的车呢？"或是说："请问是星期二还是星期三送到您府上？"此种"二选其一"的问话技巧，只要顾客选中一个，其实就是你帮他拿主意，下决心购买了。

再如，不要问"你要不要买"，应该问："你喜欢A还是B"、"你要2个还是3个"，不要问对方有没有空、有没有时间、去不去。问一个人去不去看电影，你会得到两个答案：去或不去；而要问："我们周六还是周日去看电影？"给他一个机会选择。

需要注意的是：二选其一法则有适当的使用时间，没有进入最后阶段的时候，不要动不动就使用二选其一法则。如果对方尚未了解你到底要跟他沟通什么，销售什么，还未产生兴趣，你突然问他打算买哪件，必然要碰一鼻子灰。所以，使用二选其一的技巧是要讲究时机和顺序的。

帮助挑选

许多顾客即使有意购买，也不喜欢迅速做出决定，他总要东挑西拣，在商品颜色、规格、式样、售后服务上不停地打转。

这时，聪明的导购就要改变策略，暂时不谈成交的问题，转而热情地帮对方挑选颜色、规格、式样以及向其交代商品的付款方式、交货日期、保修和日常维修等问题，一旦上述问题解决，你的销售也就成功了。

案例

一位小伙子到自行车行买车，挑到最后时看着一辆车说："这车好是好，就是价格贵了点，便宜点怎么样？"

导购回答说："这车身是选用锰钢材质做的，外形设计漂亮，不仅露着高贵，还非常结实耐用，这价格您上哪儿买去？"

小伙子提出异议："车圈有点不正。"

导购："我们可以马上调试。"

说完，导购以试探的口吻，关切地问："您急不急？如果不急，我们马上为您另装一辆。"

小伙子说："那就另装一辆吧！"

利弊分析

有时顾客会因商品存在的某些缺点而犹豫不决，表现为既舍不得放弃，又担心买了后悔，实际上这样的顾客往往有极强的购买欲望。

这时，导购就应利用自己熟悉商品、懂得行情的优势，帮助顾客分析利弊、权衡购买，突出商品带给顾客的利益和好处，促成交易。

案例

顾客：这条睡裤便宜是便宜，就是做工粗糙了点。

导购：睡裤都是平时在家穿，外人是见不到的，就是做工粗糙点也没有人注意，可这价钱是再便宜不过的了，而且这料子也特别舒服，买一条多值呀！

在上面这个例子中，导购采用了典型的利弊分析法：将商品带给顾客的好处放在前后两头，中间插入弊端，即"……当然，它也存在××的不足……但是……"这种建议的顺序符合人们的记忆特点。人们往往对中间部分的印象不是很深刻，这样的建议达到了强化优势、淡化弱点的效果。

温馨提示

运用利弊分析的技巧时，导购要考虑到顾客的性格。如果顾客性格坚强、有主见，导购需说明商品利与弊的情况；而对于生性柔弱、缺乏主见的顾客，导购就要提供相对较多的参考意见。

在建议顾客购买时，导购不能只重利而不提及弊，这样做只会对销售活动产生不利影响，是不明智之举。因为顾客已经清楚地看到了弊，如果导购避而不谈，会使顾客对其诚意产生怀疑。

◇ 用赞美鼓励成交

小欣的促成技巧

"好看。"导购小欣看着试穿衣服后的顾客，赞赏地说道："款式挺好，尤其是那个领子，有种不对称的美，还有扣子很别致，这是这款服装专用的扣子！"

"颜色也很好，"小欣继续说："浅浅的灰色有点发亮，时尚而不失稳重，素雅中透着前卫，配上你的气质，啧啧，简直是锦上添花，巧夺天工，绝配！"

"是吗？"顾客喜滋滋地问道。

"……"小欣故作沉吟，在她脸上露出失望之色时方道："我有点无话可说了，恰如其分，恰如其分啊！我敢说任何人穿了都无法达到这样完美的效果，这绝对是为您量身定做的！"

"哪有你说得那样！"顾客笑容绽放如花。

小欣："我帮忙包起来吧？"

"真要买啊？"顾客还有些犹豫。

"当然。"小欣夸张地说道："您能容忍如此适合您的服装穿在别人身上吗？"

"那好吧，就是它了！"

几乎每个人都喜欢赞扬，尽力欣赏和赞美他人，是成功交往、真诚奉献的重要法则。导购在与顾客的交流中，能抓住这一特性，恰当地欣赏和赞美顾客，是促进成交的基本技巧之一。比如：

● 您的公司效益真好，如果用上我们的产品，我相信效益会更好，而您个人的前途也必将无可限量。

● 您公司的文化氛围真浓，很值得众多厂家效仿，我想，我们的产品会使贵公司更具现代化的文化气息。

● 这套衣服真是太适合您了，穿上它，您的气质和体形简直完美得无懈可击。当然，要是再配上这个坤包，哇……

◇ 利用"怕买不到"的心理

案例

顾客：我很喜欢这双凉鞋，可是我还想考虑一下。

> 导购：这种号码的鞋只有这最后一双了，我看您很喜欢，穿上舒服吗？
>
> 顾客：很舒服！（正在考虑购买）
>
> 导购：这是过季的鞋，卖完就没有了，假如您先到别处看看再回来，恐怕这双鞋已经被别人买走了，那时您就该后悔了。

越是得不到、买不到的东西，人们就越是想得到它、买到它。导购可利用这种"怕买不到"的心理，来促成销售。利用"怕买不到"心理的最佳时机包括：

● 当商品的剩余数目不多，错过机会很难再买到的时候。

● 商品有销售时间限制的时候。

● 碰到处于两难境地的顾客时，因为这类顾客本身就有一种舍不得买，放弃又觉得可惜的心理，所以导购要强化放弃后的损失，增加顾客购买的信心。

但切记：使用这种方法时，导购一定要诚实，绝不能欺骗顾客，否则一旦顾客发现被欺骗，那么，不但这次销售不能成交，恐怕以后顾客也很难再光顾了。

➡ 试买一次就好

案例

> "陈小姐，您可先做一次护理，看看效果和感觉。我们有一些客人刚开始也是这样的，但试完后，感觉很舒服，就办了年卡。"
>
> "陈小姐，您可先买一支试用一下，我们有些客人刚开始给她介绍时，也是有点信心不足。但用过后，都说好，还带朋友来买。"

顾客想要买你的产品，可对产品没有信心时，这时可建议对方先买一点试用看看。只要你对产品有信心，虽然刚开始购买数量有限，然而对方试用满意之后，就可能给你带来大量的销售额。这一"试用看看"的技巧也可以帮助顾客下决心购买。

建议成交的八种方法

掌握了顾客的购买信号之后，导购还需要针对具体情况，采用适当的方法促成交易，从而胜利完成销售任务。通常，令顾客主动购买你的商品的策略主要有以下八种。

➡ 请求成交法

请求成交法又称为直接成交法，是导购向顾客主动提出成交的要求，直接要求顾客购买销售的商品的一种方法。

1. 使用请求成交法的时机

● 导购与老顾客。导购了解顾客的需要，而老顾客也曾接受过其推荐的产品，因此老顾客一般不会反感导购的直接请求。

● 若顾客对推荐的产品有好感，也流露出购买的意向，发出购买信号，可又一时拿不定主意，或不愿主动提出成交的要求，导购就可以用此法来促成顾客购买。

● 有时顾客对推荐的产品表示兴趣，但思想上还没有意识到成交的问题，这时导购在回答了顾客的提问，或详细地介绍产品之后，就可以提出请求，让顾客意识到该考虑购买的问题了。

2. 使用请求成交法的优点

● 快速地促成交易。

● 充分地利用了各种成交机会。

- 可以节省销售的时间，提高工作效率。
- 可以体现一个导购灵活、机动、主动进取的销售精神。

当然，请求成交法也存在着缺陷。导购如果应用的时机不当，可能给顾客造成压力，破坏成交的气氛，反而使顾客产生一种抵触成交的情绪，还有可能使导购失去成交的主动权。

案例

小刘：大爷您好，这一次想选些什么补品？

大爷：这段时间睡眠不太好。

小刘：啊，那就来两盒脑白金吧，它的效果可好啦。

大爷：真的有用吗？

小刘：我爸爸上个月也是睡不好觉，吃了一盒就恢复正常了，您年纪比他大，吃两盒准能行！

……

⇨ 异议成交法

异议成交法也称为处理异议成交法，是指导购利用处理顾客异议的机会，直接向顾客提出成交要求，促使顾客成交的一种方法。如果导购发现顾客的异议正是顾客不愿意购买的理由，只要能够成功地消除这个异议，就可以有效地促成交易。

导购使用异议成交法的优点包括：

- 可以把异议看成是一种成交信号，将其转变为成交行为。
- 实施过程中向顾客施加一定的成交压力。
- 迫使顾客购买所销售的产品。

> **案例**
>
> 王小姐：我现在没有办法决定一次买4套。
>
> 导购：王小姐，我非常理解您的心情，我相信您要购买这个产品，一定要经过您的上级主管来批示，是不是？但是您想想看，这是个配套服务的产品，您只购买一套，您有六十多名员工，六十多个人挤在一个小办公室来用这套产品，那是不是很拥挤？而且不同层次的员工应该使用不同层次的产品，是不是？您购买4套的理由应该是可以成立的。对不对？

◆ 提示选择法

提示选择法，即直接向顾客提出若干购买的方案，并要求顾客选择一种购买方法。比如，"煎饼是加两个蛋呢，还是加一个蛋"或者"我们礼拜二见还是礼拜三见"，这都是提示选择法。

导购在销售过程中应该看准顾客的购买信号，先假定成交，后选择成交，并把选择的范围局限在成交的范围。提示选择法的要点就是使顾客回避要还是不要的问题。

> **案例**
>
> 某商场的一个柜台前正在甩卖T恤，一位顾客好奇地前去观看。导购就立即上前招呼："怎么样？买一件吧。要黑色的、蓝色的、红色的，还是白色的？"这就是典型的提示选择法。
>
> 若顾客做出回答，的确就是表示他已告诉你他要购买你的商品了；若顾客迟疑片刻而向你表示他尚未做出决定，你也没有半点损失。

采用提示选择法，可以减轻顾客的心理压力，制造良好的成交气氛。从表面上看来，选择是否成交的主动权在顾客手里，而事实上就是让顾客在一定的范围内进行选择，这样可以有效地促成交易。

温馨提示

导购所提供的选择事项应让顾客从中做出一种肯定的回答，而不要给顾客任何可能拒绝的机会。向顾客提出选择时，尽量避免向顾客提出太多的方案，最好的方案就是两项，最多不要超过三项，否则你很难达到尽快成交的目的。

二 从众成交法

从众成交法，指导购巧妙地对顾客的社会从众心理加以利用，以促使顾客立刻购买所推荐商品的方法。比如：当周围环境中的人们都拥有某种品牌的电冰箱时，没有购买的顾客也会感到无形的团体压力，从而自动产生购买行为。如果当你多次到商场购物，却都因为缺货使你无法满足需求时，你肯定会对该物品留下深刻印象，并且认为该物品是非常紧俏的好物品。

案例

服装店的导购小肖在向一位顾客推荐服装时说："比如，您看这件衣服，式样新颖美观，是今年最流行的款式，颜色也正适合您的气质和肤色，您穿上一定很漂亮。我们昨天才进的货，今天就只剩下两套了。"

采用从众成交法，可以用一部分顾客去吸引另一部分顾客，从而有利于导购寻找和接近顾客，提高销售的效率。由于推荐的商品已取得一些顾客的认同，使导购的说辞更有说服力，顾客也容易消除疑虑，增强购买决心。

温馨提示

从众心理是人类社会固有的、长期存在的社会心理现象。社会规范的要求，团体生活方式的压力以及人们普遍存在的相互攀比现象是从众心理形成的主要原因。从众成交法就是充分地利用顾客之间的相互影响力，团体的生活压力来顺利促成交易。

但有些顾客喜欢标新立异、与众不同，若导购对这些顾客错误地使用了从众成交法，反而引发顾客的反众行为，从而拒绝成交。如果导购所举的"众"不恰当，非但无法说服顾客，反而会制造新的成交障碍，失去成交的机会。

⇨ 优惠让步法

优惠让步法，指导购通过提供某种优惠条件，或在价格、服务等方面做出一定让步来促成交易的方法。它利用了顾客在购买商品时希望获得更大利益的心理，实行让利销售，促成交易。

> **案例**
>
> "先生，本来我们的促销活动规定了只有买三件才可以赠送一份礼品的，不过如果您现在就决定购买的话，您买两件我们也给您赠送一份，希望您给我们多宣传，多带朋友来惠顾！"
>
> 这就叫附加价值，附加价值是价值的一种提升，所以又称之为让步成交法，也就是提供优惠的政策。

正确地使用优惠让步法，利用顾客的求利心理，可以吸引并招徕顾客，有利于创造良好的成交气氛。而且利用批量成交优惠的条件，可以促成大批量的交易，提高成交的效率。该方法尤其适用于推荐和销售某些滞销品，减轻库存压力，加快存货的周转速度。

但采用优惠让步法有时会让顾客误以为优惠商品是次货而产生不信任感，从而丧失购买的信心，因此，导购在使用此法时一定要把握好尺度。

⇨ 保证成交法

保证成交法,是指导购直接向顾客提出成交保证,使顾客立即成交的一种方法。使用保证成交法可以消除顾客成交的心理障碍,增强成交信心,同时可以增强说服力以及感染力,有利于导购妥善处理有关的成交的异议。

1. 使用保证成交法的时机

产品的单价过高,缴纳的金额比较高,风险比较大,顾客对此种产品并不是十分了解,对其特性质量也没有把握,产生心理障碍而对成交犹豫不决时,导购应该向顾客提出保证,以增强信心。

2. 使用保证成交法的注意事项

● 应该看准顾客的成交心理障碍,针对顾客所担心的几个主要问题,直接提出有效的成交保证条件,以解除顾客的后顾之忧,增强成交的信心,促使进一步成交。

● 根据事实、需要和可能,向顾客提供可以实现的成交保证,切实地体恤对方,既要维护企业的信誉,还要不断地去观察顾客有没有心理障碍。

知识链接

成交保证:指导购对顾客所允诺担负的交易后的某种行为,例如,"您放心,这台机器我们3月4号给您送到,全程的安装由我亲自来监督。等没有问题以后,我再向总经理报告","您放心,您这个服务完全是由我负责,我在公司已经有5年的时间了。我们有很多顾客,他们都是接受我的服务"。让顾客感觉你是直接参与的,从而放心地接受你所推荐的商品。

⇨ 激将成交法

即导购运用恰当的语言技巧巧妙刺激顾客,但又不伤顾客自尊心,使顾客在逆反心理作用下完成交易活动的成交技巧。

每个人都爱面子。使用激将成交法,如果对象选择合适,将更容易完成成交工作,并可减少顾客异议,减少成交时间。合理的激将,不但不会伤害顾客的自尊心,反而会在购买行为的实施中满足顾客的自尊心。

> **案例**
>
> 一位先生对某件商品较满意,但购买时犹豫不决,此时导购可适时地巧妙问一句:"是不是老婆把您管得很紧呀?要不要征求一下您老婆的意见后再决定?"
>
> 这位先生一般会回答:"这不用和老婆商量。"从而很快做出购买决定。

但是,激将成交法在运用时应特别谨慎,一定要注意时机的把握,语言应恰当自然,千万不要因语言、时机等方面的原因而伤害顾客的自尊心,否则会导致顾客的不满和愤怒,从而导致推销工作的失败。

⇨ 小狗成交法

> **案例**
>
> 一位妈妈带着小男孩来到一家宠物商店,小男孩非常喜欢一只小狗,但是妈妈拒绝给他买,小男孩又哭又闹。
>
> 店主发现后就说:"如果你喜欢的话,就把这只小狗带回去吧,相处两三天再决定。如果你不喜欢,就把它带回来。"
>
> 几天之后,全家人都喜欢上了这只小狗,妈妈又来到了宠物商店买下了这只小狗。

这就是先使用、后付款的小狗成交法。有统计表明，如果顾客能够在实际承诺购买之前，先行拥有该产品，交易的成功率将会大为增加。

所谓小狗成交法，指的是让顾客实际地触摸或试用你所销售的产品，让他们在内心产生这件商品"已经是属于自己了"那种感觉。

小狗成交法比较适用于销售有形的产品，即那些可以看得到、摸得着、有具体形象的产品。

交易完成后的注意事项

一次交易的完成，无论是成功还是失败，都是导购与顾客建立某种更为默契关系的开始。因此，一名优秀的导购，要学会利用交易完成后与顾客的关系，来为今后更多的交易作准备。

1. 顺利成交后

如果顺利成交，为了使成交更加圆满，导购还应做好这样几项工作：

● 为双方的顺利成交表示庆祝，让顾客感觉到这是双方都获益的双赢的交易，从而巩固双方之间良好的关系，为以后开展交易铺平道路。比如，导购说："这件漂亮的衣服就是您的了，相信它可以给您带来更多的风采和美丽！"

● 加深关系，让顾客记住你的情义，感到购买你的商品是明智的决定、是幸运的。导购在商品售出后，可以找一些大家共同关心的问题聊一小会儿，以稳定顾客的情绪，使顾客满意而归。

● 请顾客把自己介绍给其他与之有联系并可能具有类似需求的顾客，并请帮助引荐或宣传自己的产品和店铺。这样，导购可扩大自己的销售范围，拥有更多的潜在顾客。

2．交易失败时

并不是每一次销售都能成功，因此，导购不但要学会在交易成功时的后续做法，也要清楚成交失败后需要注意的一些事项。

● 优秀的导购一定要做到"买卖不成仁义在"，对拒绝自己的顾客依然彬彬有礼，感谢他们给自己的机会，并向他们致歉，说耽搁了他们的宝贵时间，为以后的导购成功铺路。

● 如果导购经过努力，仍未能使交易成功，应主动向顾客请教，了解顾客认为在自己的导购服务方面或产品等方面需要做出哪些改进，从而使自己的工作得以不断提升。

● 导购在每次销售失败后，都应仔细分析此次失败的原因，如表情、语言、行动等，从失败中吸取教训，避免在以后的工作中重蹈覆辙，犯类似的错误。

第三部分
导购营业员卓越提升

第八章

商品管理——货如轮转的秘诀

　　店铺的经营业务是围绕着商品这个核心而展开的,只有通过商品的购进与销售,店铺才有可能从顾客手中赚取商品差价,从而获得利润。因此,作为商品的经营者,导购必须具备一些商品管理的操作技能。

　　在商品管理的执行体系中,进货管理和存货管理是店铺货源充足、卖场陈列丰富的基本保证,而商品的盘点管理和防损管理又是店铺运作过程中保证盈利的关键点。因此,在整个货品管理体系中,导购尤其要把握好这几点。

导购小红的烦恼

小红是一家女式内衣专卖店的导购。又到了下班盘点的时候了,也是小红每天最为头痛的时候到了。

为什么呢?

因为负责货品盘点的她,很多时候盘点时,总有些货品对不上,而每次遇到这种情况,她又得从头到尾核一遍、两遍,有时甚至五六遍,到最后都弄得她头昏脑涨,筋疲力尽的。

"阿灿,今天'蓝色亲情'A罩杯究竟卖了几件,我看不清你写的这个数是几?"这是小红问的典型问题之一。

"Candy,你的那个老顾客,叫什么珍姐的,是退了还是换了一件,什么型号的?拜托!以后能不能让她一次搞定,每次不是颜色不喜欢就是尺寸不对,换来换去的。"这是小红问的典型问题之二。

"那个刘师傅,每次送货来,都是搅得人心烦,他今天究竟从Sala店拿了几件什么货来了,从我们这换走几件'水之恋'B罩杯的?玲子!"这是小红问的典型问题之三。

有一次,老板又来巡店,之后让大家对专卖店的经营提提意见。

小红忍了半天,发话了。

"老板,您看以后能不能加强货品管理,每天又是卖,又是退换,又是店与店之间调货的,那么多系列、颜色、码号,每天盘点,真晕得很,错了还要扣钱!"

"这个……是比较麻烦,大家多注意点,细心点!"

"我是细心了呀,可人员流动那么频繁,刚教会一个,又走一个!"

"嗯……"

这是服装零售经营中经常遇到的问题,除了盘点时容易出错,还因为连锁店面太多，信息滞后，动不动就造成大量的库存积压。

因此，导购在为顾客提供优质服务的同时，还必须具备一定的商品管理能力，能够让自己手中的商品达到货如轮转的最优效果。这里的商品管理主要包括商品的进货管理、销货管理、存货控制、盘点作业以及损耗控制等。

进货管理有窍门

巧妇难为无米之炊，导购如果没有充足、优质的商品，其销售技术如何高明，也一样没有用武之地。因此，作为商品的直接导购，需具备一定的进货管理技能。

◇ 进货三原则

俗话说"采购好商品等于卖出一半"，"只有错买，没有错卖"。店铺若想采购到适销对路、品质优良的商品，在采购过程中就应遵循以下原则：

1. 以需定进，勤进快销

因为零售企业的规模有一定限制，周转资金也有限，且商品储存条件较差，为了扩大经营品种，就要压缩每种商品的进货量，尽量增加品种数，以需求定采购，以勤进促快销。

● **以需定进**：又称"以销定进"。即根据市场需求和销售情况，来决定商品的采购时间、品种和数量。

● **勤进快销**：指进货时坚持小批量、多品种、短周期的原则，以勤进促快销，以快销促勤进，提高资金的周转率。

温馨提示

坚持以需定进、勤进快销原则时,还要对不同商品采取不同的采购策略:

◆ 对销售量一直比较稳定,受外界环境因素干扰较小的日用品,可以以销定进,销多少进多少,销什么进什么。

◆ 对季节性商品要先进行预测,再决定采购数额,以防止过期造成积压滞销。

◆ 对新上市商品需要进行市场需求调查,然后决定进货量。销售时,商店可采取适当的广告宣传等促销策略,以引导和刺激顾客消费。

2. 以进促销,储存保销

零售店铺在进货采购前,要有一定的市场调查和库存检查,在此基础上决定进货品种和数量。对那些尚处于试销阶段的商品,要少进试销,只有证明被顾客认可和接受以后,才批量进货。

● 以进促销:指零售店铺在采购商品时,广开进货门路,扩大进货渠道,购进新商品、新品种,以商品来促进、拉动顾客消费。

● 储存保销:指为防止商品脱销而影响正常经营,店铺需保持一定的商品库存量,以保证商品的及时供给。

3. 文明经商,信守合同

零售店铺面对的是顾客,以向顾客销售商品来获取利润,因此必须坚持文明经商、诚信待客的原则。这一原则与商品采购相联系,便是进货时要保证质量,杜绝假冒伪劣商品。

温馨提示　　"六不进"的文明经商原则

1. 不是名优商品不进。

2. 假冒伪劣商品不进。
3. 无厂名、无厂址、无保质期的"三无"商品不进。
4. 无生产许可证、无产品合格证、无产品检验证的"三无"商品不进。
5. 商品流向不对的不进。
6. 商品与样货不符合的不进。

在采购商品时，零售店铺又会面对各种各样的供应商。为保证买卖双方的利益不受损害，并使零售企业的经营能够正常进行，在采购商品时，要以经济合同的形式与供货商之间确定买卖关系，并保证合同的有效性和合法性，使采购合同真正成为零售企业正常运转的保护伞。

◇ 如何把握进货时机

商战变幻莫测，时机稍纵即逝，采购工作必须把握好时机，这样才会给企业带来最佳效益。把握进货时机应从以下几个方面入手：

1. 根据商品销售规律，确定采购时间

随着"假日经济"的启动，形成了春节、国庆、五一等几个大的消费热点，在季节性商品消费基础上，又增添了新的特点。对此，商家可根据过去类似活动期间商品销售的实际情况，在节日、纪念日之前适当增加某些种类商品的订货量，可以更好地适应销售需要。

温馨提示

近年来，消费品市场呈现出节假日食品提前购买，日用工业品随机购买，流行性商品凸显销售高峰且流行周期缩短等趋势，这些消费者购买的规律应成为商品采购时机决策的一个重要依据。

2. 根据市场竞争状况，确定采购时间

在决定商品采购时间时，还必须考虑市场竞争状况。某些商品率先投入市场可取得市场先机优势，这些商品就需要提前采购。有些商品推迟采购，也能取得市场独有优势，也可以推迟采购。

3. 根据卖场库存情况，确定采购时间

选择采购时间，还必须考虑卖场库存情况，采购时间既要保证有足够的商品以供销售，又不能使商品过多以致发生积压。这方面最常用的方法是最低订购点法。最低订购点法是指预先确定一个最低订购点，当卖场某一商品的库存量低于该点时，就必须去进货。

温馨提示

控制采购成本的主要措施：

◆ 加强集中采购，发挥规模优势。

◆ 确定适当的采购时机与合理的采购批量。

◆ 根据市场状态，确定采购对象，建立稳定的供应伙伴关系。

◆ 尽量降低采购风险。

◇ 选择最佳进货渠道

零售店铺经营的商品品种繁多，选择多渠道进货是最佳策略。作为店铺商品的直接销售人员，导购应了解并熟悉一些最佳的进货渠道。

1. 当地批发部门

当地批发部门是大多数零售店铺采购货品的首选渠道，也是进货量比重最大的一种渠道。向当地批发部门进货有如下优势：

● **货源稳定**：当地批发部门是零售店铺进货的代理人，批零之间有较

稳定的、连续的经济关系，能保证零售店铺的基本货源。

● **采购灵活**：从当地批发部门进货，可根据自己的需要随时看样选购，现货成交，随销随进，避免了不必要的库存风险和资金周转。

● **节约成本**：从当地批发部门进货，能够省时省力、节约运输费用、减少商品在途中的损耗，是最经济合理的进货渠道。

2．当地生产加工企业

零售店铺为广开货源、增加经营特色、满足消费者的需求，可不经过批发环节，直接与当地生产加工企业订购所需商品。其好处是：

● **货源齐全**：这样的货源大多是规格齐全、挑选性强、消费需求变化快的货品。

● **特色经营**：直接委托生产加工企业制造所需商品，可以使零售店铺拥有自己的特色经营商品，如定制花色式样新颖的服装、鞋帽等。

● **价格低廉**：由零售店铺直接向生产加工企业组织进货，可以减少商品流转环节，大大降低流通费用及中间环节的剥利。

3．外地批发企业和批发交易市场

有些名牌产品、紧俏商品在本地采购不到或不能满足需求时，零售店铺就需要到外地批发企业或一些批发交易市场进行采购。这种采购方式可以扩大本店的经营品种，丰富当地市场，但需注意在采购时要遵守商业政策，讲求经济核算。

温馨提示

选择正确的进货渠道，应遵循以下原则：

◆ 环节少。能从生产加工部门进货，就不要经过商业批发环节；能从产地批发进货，就不要经过销地批发环节。

◆ 省费用。进货时要从运输里程、环节、工具、时间上综合考察，尽量节约进货费用，减少不必要的支出。

◆ 短距离。在保证商品品种、数量、质量的前提下，尽量就近进货，避免长途跋涉和远距离调运。

◆ 经济合理。选择环节最少、渠道最短、费用最省、经济效益最高的进货渠道，是零售店铺最佳的进货选择。

进货作业三部曲

1. 编制进货计划

零售商铺货品繁多，必须有计划地进货，即必须由导购人员根据市场变化、货源、销售情况、库存情况及各种变化因素，在资金良性周转的情况下，定期编制进货计划。

导购定期编制进货计划，可使企业有计划地组织进货，避免因进货不及时而发生商品脱销，或因盲目进货而造成商品积压。

知识链接

进货计划：是导购人员在对市场变化、货源情况、消费动态等作了充分调查研究的基础上，参考现有储存及各种变化因素，在资金占用合理的情况下，定期提出的计划，其中包括商品的种类、型号规格、数量、单价、金额、库存情况、需求量、产地及供应商等(参见下表)。

进货计划表

开始日期：　　　　结束日期：　　　　　　　采购人：

货品编号	货品名称	型号规格	数量	单价	金额	库存量	需求量	产地	供应商

(续表)

开始日期:			结束日期:				采购人:		
货品编号	货品名称	型号规格	数量	单价	金额	库存量	需求量	产地	供应商

2. 进货作业流程

进货作业其实就是依照店铺的货品需求或导购编制的进货计划，由供应商或配送中心将商品送达店铺的作业，其作业重点就是验收，同时清理好卖场和库房货架，为进货作好准备。

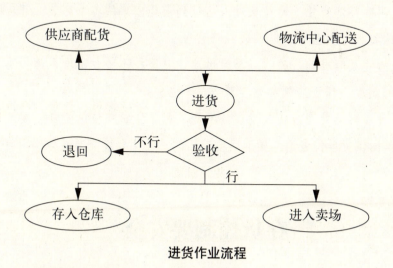

进货作业流程

3. 接货验收须知

当供应商按店铺要求将货品送至店铺时，负责接货的相关人员应根据订单内容、供货商的送货单进行商品验收，并核对商品的数量、价格，对质量严格把关。

● 接货验收的方法包括：对单验收、数量验收、包装验收、质量验收等。

● 接货验收的基本要求：单据实货相符，质量符合要求，数量无误。

验收完毕后接货负责人应写明实际接货数量，接货员、供货商在订单上签字认可。然后把有关单据送达相关部门，货品入库。接货的流程如下：

根据发货单验货 → 清点货品 → 签收 → 回单 → 更新库存记录

温馨提示

在接货验收过程中，导购应注意以下问题：

◆ 明确验收标准：导购要在订货时就按照订货的样品明确质量标准，并将样品封存作为验收依据。

◆ 明确经济责任：商品从进入店铺到上柜出售的各个环节，都应随着管理权的转移分别验收，以明确经济责任。

◆ 验收及时准确：验收应及时迅速，并坚持不验收不准入库、不准上柜出售的制度，保证店铺和顾客双方的利益。

◆ 责任归属处理：验收发现的问题，属于供货单位的责任，要及时填写查询单向供货单位查询；属于运输部门的责任，要按交通运输部门有关规定办理。

存货控制要安全

导购可以通过积极的存货控制，确定合理的进货批量和进货时间，使存货总成本最低，从而避免商品过季，消除恶性库存，保证店铺良性运转。

◇ 良性存货与恶性存货

存货有良性存货和恶性存货两种。良性存货即为了店铺的正常运营而贮存的货品，这些货品可以在限定时间内走出卖场，转换为资金。良性存货是提高卖场销售业绩的重要一环。

恶性存货为存货过剩的产物。造成存货过剩的原因很多，但基本上都属于人为因素。因此，如果对存货过剩的原因有足够的重视，并采取适当的预防措施，就可以减少和改善存货过剩的状况。

温馨提示

恶性存货的主要原因

◆ 对总体环境和产业环境中各因素及产品市场环境中诸多因素判断错误，商品引进与市场脱节，不能获得顾客认同，就会造成存货积压。

◆ 商品组合不完整，商品款式、规格、品项不能针对消费者的需求，有市场需求的商品没有采购，没有市场需求的商品采购过多，都会变成不受欢迎的存货。

◆ 如果存货已经产生，应迅速寻找办法处理。很多负责商品采购的人员常根据存货的多少来决定新商品的采购量，这样不但不能解决存货问题，还会影响新品的上市。

◆ 有瑕疵的商品，不但不可能卖出去，而且就是销售后也将被顾客退回，这类商品在库存中，就成为永远压在箱底的存货。

◆ 不论是员工销售能力或是广告促销的能力，如果不及其他竞争者，很快地，市场的萎缩就会反映到存货的增加上。

◇ 存货控制的有效策略

只有存货得到了有效的控制，店铺才能够卖出更多的货，又没有库存积压的风险，因此导购需掌握一定的控制存货的有效策略。

1．确定存货处理政策

当存货产生的时候，应有明确的存货处理政策，告诉员工多久之内，要用什么方法、通过什么渠道把存货处理完。

2．找出造成存货增加的原因，并加以预防及改善

较常用且简便的方法为"鱼骨图"或称"要因分析图"，它能帮助我们像抽丝剥茧一样把造成存货增加的原因找出来。

3．加强对商品的规划

明确商品在市场上的定位，对目标市场的需要有充分的认知及数据支持，才能规划出满足市场需要的商品。

4．提升销售能力

在竞争激烈的市场中，销售能力强的业者，往往能创造出令人振奋的业绩，使库存问题得以大大减轻。

5．存货分类管理

存货分类管理做得越好，对存货的出清消化越有帮助。如依据商品的品质可分为可售品、瑕疵品、报废品；按商品的销售记录可分为畅销品、滞销品、一般商品等。

知识链接

合理的正常库存控制：假定店铺每日正常出库量为120件，即日最低安全库存量为160件，如果店铺经验是每6天向供货商订一次货，而路途运输时间是7天，那么合理的正常库存控制数应该是$120 \times (6+7) + 160 =$

> 1 720件，具体公式是：日销量平均数×(订单间隔天数＋运输途中天数)＋日最低安全库存量＝合理的正常库存控制数。

盘点作业

盘点作业的基本目的主要有两个：一是控制存货，以指导门店日常经营业务；二是掌握损益，以便店主真实地把握经营绩效，并及时采取防漏措施。因此，日常盘点作业是导购必须掌握的一项基本技能。

◇ 商品盘点五原则

商品盘点一般每月一次，并由导购人员负责盘点相关区域的商品。为确保商品盘点的效率，在进行盘点时，应遵循以下五项原则：

● **真实性原则**：要求盘点所有的点数、资料必须真实，不允许作弊或弄虚作假以掩盖问题和失误。

● **准确性原则**：盘点过程要求准确无误，包括资料的输入、陈列的核查、盘点的点数，都必须确保正确。

● **完整性原则**：所有盘点流程包括区域规划、盘点的原始资料、盘点点数都应完整，不能存在任何遗漏。

● **清晰性原则**：盘点过程为流水作业，不同的人负责不同的工作，所有资料必须清楚，书写必须规范，货物的整理必须整洁，才能顺利进行盘点。

● **团队合作原则**：为减少停业损失、加快盘点时间，全店人员均须参加盘点过程，因此各个部门必须有良好的配合协调意识，以大局为重。

⇨ 盘点前的准备工作

在盘点作业开始前，负责商品盘点的工作人员应作好以下准备工作：

● 如果是大型的盘点作业，盘点前须提前2—3天贴出告示，把准确的盘点时间告知顾客和协助送货的单位，避免造成顾客、送货人员徒劳往返的不利局面。

● 在实际盘点开始前两天，店铺须对商品进行整理，这样会使盘点工作更有序、有效地进行。商品整理包括对陈列商品和库存商品的整理。

● 盘点前一天做好环境整理工作，如：检查各人区域的商品陈列、库存商品的位置及编号是否与盘点配置图一致；清除作业场和卖场死角；将各项盘点设备和工具准备、存放整齐。

● 单据整理。包括：进货单据、变价单据、净销货收入总汇、报废品总汇、赠品总汇、移仓单整理、商品调拨单据和前期盘点单据等。

● 准备盘点配置图，包括卖场设施、后场仓库区等，凡商品储存或陈列之处均要标明位置，将各商品、物料、原料、半成品置放的区域以图示按顺序填入代号，如A、B、C区，以便分区负责实施盘点作业。

⇨ 初点、复点、抽查

温馨提示

初点、复点、抽查是盘点中作业的关键三步。在盘点实施时一定要检查盘点配置图是否有遗漏区域，盘点单内所盘点的项目是否有遗漏的品项，数量、价格是否正确。复点、抽查若有错误，则须由原盘点者重新确认后再更正。

1. 初点作业

● 初点作业时，一定要先点仓库，后点卖场；要依序由左而右，由上而下进行盘点。

● 每一台货架或储物柜都应视为一个独立的盘点单元,使用单独的盘点表,以便于按盘点配置进行统计整理。

● 最好两人一组进行盘点,一人点,一人记录;盘点表上的数据应填写清楚,以免混淆。

● 不同特性商品的盘点应注意计量单位的不同。

● 盘点时应顺便观察商品的有效期,过期商品应随即取下,并作记录。

2．复点作业

● 复点可在初点进行一段时间后进行,复点者须手持初点者已填好的盘点表,依序检查,再将复点的数字,记入复点栏内,并计算出差异,填入差异栏。

● 复点应先检查盘点配置图与实际现场是否一致,是否有遗漏的区域(独立区域常会漏盘)。

● 使用小贴纸方式盘点,则应先巡视有无未标示小贴纸的商品,复点无误后再将小贴纸拿下。

● 复点者须使用红色圆珠笔进行复点。

3．抽查作业

抽查办法可参照复点办法;抽查的商品可选择卖场内死角或不易清点的商品,或单价高、金额大的商品;对初点与复点差异较大的商品要加以实地确认。抽查者也必须使用红色圆珠笔。

温馨提示

对各小组和各责任人员的盘点结果,店铺负责人要认真加以检查,检查的重点是:

◆ 每一类商品是否都记录到盘点单上,并已盘点出数量和金额。

◆ 对单价高或数量多的商品,需要将数量再复查一次,做到确实无差错。

◆ 复查劣质商品和破损商品的处理情况。

➔ 盘点收尾工作

在确认盘点记录无异常情况后,导购就需要进行第二天正常营业的准备和清扫工作。这项收尾工作的内容包括:补充商品,将陈列的样子恢复到原来的状态,清扫通道上的纸屑、垃圾等。收尾工作的目的是要达到店铺第二天能正常营业的效果。至此盘点作业的物理工作就结束了。

一般情况下,对超级市场来说,盘损率应在2%以下。如超过2%就说明盘点作业结果存在异常情况,要么是盘点不实,要么是企业经营管理状况不佳。采取的对策是:重新盘点或改善经营管理。

知识链接

盘点作业的账册工作

物理的盘点作业结束后,店铺还应进行盘点作业的账册工作。

盘点作业的账册工作,就是将盘点单的原价栏上记录的各商品原价和数量相乘,合计出商品的盘点金额。

这项工作进行时,要重新复查一下数量栏,审核一下有无单位上的计量差错,对出现的一些不正常数字要进行确认,更正一些字面上就明显看出的差错。将每一张盘点单上的金额相加,就得出了合计的金额。

门店要将盘点结果送财务部,财务部将所有盘点数据复审之后就可以得出该门店的营业成绩,结算出毛利和净利,这就是盘点作业的最后结果。具体流程如下图所示。

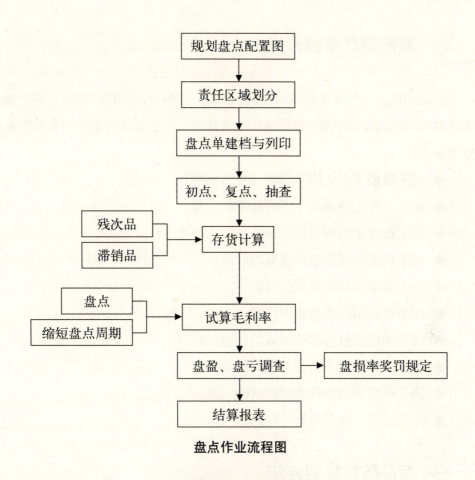

盘点作业流程图

损耗控制

知识链接

　　损耗：是店铺接收进货时的商品零售值与售出后获取的零售值之间的差额。比如下面这个例子：

　　某商店收到了价值10 000元的零售商品，完全售出后，商店只实现了9 000元的收入，那么就存在着1%的"损耗"系数，商品的价值减少了1 000元。

商品损耗原因分析

商品损耗会大大减少店铺的利润，因此，了解商品损耗的原因，并严格加以控制，可以说是提高经营绩效的一条捷径。发生损耗的原因依业务性质分类如下：

- 由于收银员行为的不当所造成的问题。
- 由于业务上手续的不当所造成的问题。
- 由于检收不当所造成的问题。
- 由于商品管理不当所造成的问题。
- 由于盘点不当所造成的问题。
- 由于设备不良所造成的问题。
- 由于采购人员大意所造成的问题。
- 由于公司人员不当而造成的问题。
- 由于顾客不当的行为而造成的问题。
- 由于进货厂商不当而的问题。

商品防损控制方法

商品的防损控制，其重点在于预防商品损耗的发生，降低商品的损耗率。针对商品损耗的各种原因，导购应作好以下作业控制，以有效控制商品不必要的损耗。

1. 商品盘点控制

- 对高损耗的商品进行定期连贯的盘点。
- 制定所有店内商品的盘点策略，盘点的目的是核对电脑里的库存量和商店里的实际库存量是否一致。
- 及时作无销售商品报告及负数库存报告。

- 作好价格变更的报告。
- 每隔2—4周扫描检查卖场所有的商品，查看是否短缺损耗，做到心中有数。

2. 商品陈列区域控制
- 摆放区域是否标准。
- 陈列区域是否标准。
- 商品货架摆放是否标准与安全。
- 是否按"先进先出"原则。

3. 销售过程中的损耗控制
- 按照收银程序收银，拿——扫——查——装。
- 照顾到每位顾客，注视对方，微笑问好。
- 注意购物车底部和包装封口。
- 检查隐藏商品，必要时开箱检查，但要注意态度友善。
- 防止偷换条形码。
- 注意商品的销售单位。
- 不在系统中的商品，是否销售，如何销售。
- 扫描价格不一致的商品，填写条形码问题表，及时反馈解决。
- 学会使用收银机和识别各种假钞。
- 会使用各种银行卡。
- 运用"三米问候"防止偷窃。当发现有小偷欲行窃时，若能主动向其问候，可以起到警示作用，小偷明白有人注意他了，因而中止行窃。

⇨ 残损商品处理

商品由于包装破损且不可重新包装，食品因变质、过期等原因无法销售，都会成为残损商品。导购在发现残损商品时，应及时填写破损商品标签，经主管确认后，送到索赔办，由索赔办与供应商联系具体索赔事宜。

● 凡假冒伪劣、"三无"商品，供货商运输造成破损、短缺和低于临界保质天数的商品，均应办理退调。

● 可以向供货商退换的损残商品，由配送中心或卖场及时分类装箱，由专门人员负责办理退换。对不能退换的残损商品，根据规定的权限，分别作削价或报废处理。

温馨提示

残损商品，是指在流转过程发生破损、短缺质次、超保持期而不能正常销售的商品。商品销售量大，残损商品也随之增多。残损商品的管理好坏，直接影响店铺的费用及利润，而且也是衡量店铺管理水平的一个重要尺度。

导购一定要严格执行残损商品的申报、审核、处理程序，并适当使用处理权限，避免在处理残损商品时给店铺造成二次损失。

第九章

业绩提升——从优秀到卓越

相信每一位正在担任导购或有志于从事零售行业的人，都希望在工作中有更好的业绩，能够完成从目前的优秀到卓越的提升，从而成为单位或行业中的佼佼者。那么，从优秀到卓越的业绩提升，导购需要怎么做呢？

要成为一名业绩不凡的导购，必须掌握如下技能：附加推销、特色服务、创意促销以及顾客资源的拓展与维护……

最厉害的导购

一个乡下来的小伙子去应聘城里"世界最大"的"应有尽有"百货公司的导购。

老板问他:"你以前做过导购吗?"

他回答说:"我以前是村里挨家挨户推销的小贩子。"

老板喜欢他的机灵:"你明天可以来上班了。等下班的时候,我会来看一下。"

一天的光阴对这个乡下来的穷小子来说太长了,而且还有些难熬。差不多该下班的时候,老板来了。

老板问他:"你今天做了几单买卖?"

"一单。"年轻人回答说。

"只有一单?"老板很吃惊地说:"我们这儿的导购一天基本上可以完成20到30单生意呢。你卖了多少钱?"

"300 000美元!"年轻人回答道。

"你怎么卖到那么多钱的?"目瞪口呆,半晌才回过神来的老板问道。

"是这样的,"乡下来的年轻人说,"一个男士进来买东西,我先卖给他一个小号的鱼钩,然后中号的鱼钩,最后大号的鱼钩。接着,我卖给他小号的鱼线,中号的鱼线,最后是大号的鱼线。我问他上哪儿钓鱼,他说海边。我建议他买条船,所以我带他到卖船的专柜,卖给他长20英尺有两个发动机的纵帆船。然后他说他的大众牌汽车可能拖不动这么大的船。我于是带他去汽车销售区,卖给他一辆丰田新款豪华型'巡洋舰'。"

老板后退两步,几乎难以置信地问道:"一个顾客仅仅来买个鱼钩,你就能卖给他这么多东西?"

"不是的,"乡下来的年轻导购回答道,"他是来给他妻子买卫生棉的。我就告诉他'您的周末算是毁了,干吗不去钓鱼呢?'"

这个故事的真实与否我们姑且不论，但从中我们不难发现，顾客的潜在需求是一个很大的市场，只要能够如故事中的年轻人那样，循循善诱、努力开发，一定会让你成为销售中的导购精英。

而且，作为一名优秀的导购，也必须具备开发顾客潜在需求的能力，能够用自己的实际行为为顾客提供最优质的服务和最贴心的帮助。

那么，导购该如何开发顾客的潜在消费需求呢？

附加推销，利润倍增

每位顾客都有潜在的消费需求，这些需求如果被完全开发出来，将超过顾客原购买计划的50%。就是说，如果顾客准备购买4 000元的商品，若他的潜在消费需求被完全激发出来，顾客最后可能购买6 000元的商品。

所谓附加推销，就是顾客已经购买了商品之后，导购提醒顾客再购买与他已购买的商品相关的商品，使顾客购买更多的商品，增加交易额。一般来说，附加推销有两个含义：

● 当顾客不一定购买时，尝试推荐其他产品，令顾客感兴趣，并留下良好的专业服务印象；

● 当顾客完成购物后，尝试推荐相关产品，引导顾客消费。

◇ 附加推销的绝妙方法

导购应主动把握机会，以积极的心态激发顾客的购买欲望，使顾客额外50%的消费潜能完全被开发出来。

● **量大优惠**：告诉顾客，如果多买一些，可以给予某种优惠，如价格折扣、提供新的服务项目等。

● **介绍互补货品**：许多商品都有互补性，顾客购买一种商品，要充分发挥商品的功能，客观上还需要其他互补商品，导购可以将顾客需要的这些商品一同出售。

- **建议顾客购买辅助产品**：建议顾客购买能保护所购商品经久耐用、发挥功能、保证其不受损失等的辅助产品。如出售整机时出售配件、保养产品等。
- **推荐畅销货品**：当顾客购买商品后，导购可以继续推荐一些畅销的货品。
- **建议购买新产品**：当你的店铺有新产品上市，并且这种新产品可以更好地满足顾客需要时，导购就要不失时机地向顾客推荐新产品。
- **推荐促销货品**：当有促销活动的时候，导购在顾客结账后，应该主动灵活地推荐促销货品。对顾客来说，不是每样商品的促销活动都一清二楚，通过导购的口头推荐，通常顾客购买的意愿相当高，不可错失任何销售的机会。

案例

"先生，如果您刚才买 1 件我们是全价出售，但如果您现在再挑选 1 件的话，可以给您打 9 折，您再看看有没有合适的吧？"

"先生，您买的是专业摄影用的照相机，我们这里还有同一品牌的清洁套装，可以让您轻松地保养好您的机子！"

"小姐，您再试试这款套装吧，这是我们销售得最好的一款产品，设计时尚，又大方得体，最适合您这种办公室的白领了！"

"先生，您刚才买的皮鞋一般在上班时穿，而我们这款新的跑鞋，可以在您运动或休闲时穿，我拿一双给您试试吧？"

"先生，我们这边还有打 6 折的短袖衬衫，因为秋季马上就要到了，所以才打折销售，您再选两件吧？"

◆ 附加推销应注意事项

导购在运用附加推销时，要站到顾客的立场上，想顾客之所想：如果自己购买了这种商品，还需要什么附属品？了解顾客的需求，附加推销才能成功。在使用这一方法时，应注意以下几点：

● 在结束了第一次销售之后，再向顾客建议购买其他商品；当顾客还在考虑第一次商品的购买时，一定不要向他建议购买新的商品。

● 从顾客的角度进行附加推销。推荐的商品必须是能够使顾客获益的商品。这就要求导购在第一次销售介绍商品期间，仔细倾听顾客的意见，把握顾客的心理，才能比较容易地向顾客推荐能满足他们需要的商品，而不是简单地为增加销售量而推荐商品。

● 有目标地推荐商品。如一位顾客买了一件新衬衣，不要问他："您还需要什么东西？"而应说："最近新进一批领带，您看这一种和您的衬衣相配吗？"这样，或许就能提醒顾客对领带的需要了。

● 使你的顾客确信你为他推荐的商品是好商品，在可能的情况下最好作一下示范。

特色服务，给顾客一份惊喜

服务、可选性和价格在今天的社会已经不足以打动顾客。你必须超越这些，用别具一格的特色服务给顾客一份惊喜，才能让顾客为你叫好。当这种情况发生时，你已经超越了顾客的期望值。通常，顾客会说："OK！的确与众不同，我喜欢！"

能让顾客叫好的服务是制胜的绝佳机会——因为你创造了一个惊奇，送出了一份关怀。比如，"打扮自己需要'男人眼光'"，等等。

◆ "男人的眼光"更有价值

案例

双休日，林女士到一家商场购物。她刚走进女性皮鞋专柜，便有一阳光帅气的小伙子迎上来，微笑着向其介绍春季新款，并拿来几双适合林女士的鞋帮她试穿。在小伙子的热情招呼下，林女士方才注意到他原来是该品牌专柜的导购。

如今，在深圳几乎每个商场的女装、女鞋柜台都有男导购的身影，他们大都衣着整齐、彬彬有礼，且经过专业培训，这让前来购物的女性感觉很惬意。

在商家推出的这项特色服务中，男导购具有怎样的销售优势呢？

● 从异性角度为女顾客提供购物意见是男导购较突出的独特优势。商店的大部分顾客是女性，她们在听取女性朋友意见的同时，也希望从男性角度听一听相关的审美评价和建议。

● 商场里大部分商品都是为女性准备的，女顾客的男友或丈夫陪其购物时经常会感到不自在，而男导购的存在将减少这方面的尴尬。当然，若女性为其男友或丈夫购买衣物时，男导购的参考意见将更有价值。

● 满足女顾客的消费心理需求也是品牌商此举的一个重要出发点。一些女顾客认为，在挑选衣服时，男导购彬彬有礼的销售服务及提供专业的建议，会让购物心情更加愉快。

专家点评

目前，尽管大型商场的中高档服装、女鞋、女包等女性专区内仍以女导购为主，但男导购的出现已得到了大多数顾客的认可。尝到甜头的品牌商有意在人员数量上不断加码，培训方面也在加大投入。

据了解，是否雇用男性导购主要由租用柜台的品牌公司决定，商场也会给出一些参考意见。由于目前市场竞争激烈，各品牌公司以及百货商场需要在销售上使出新招来吸引消费者，雇用男导购可谓是市场竞争下诞生的一种新的营销策略，也可以说，是市场竞争"逼出"的男性导购。

➢ 厨房就在大卖场

案例

上海的张先生恰逢乔迁之喜，为宴请亲友，他没有像往常那样拎着菜篮子上菜市场采购，而是径直去了附近一家农工商大卖场。

不到半小时，张先生就买回满满一大袋食品："今天的晚餐解决了！"酸辣菜、海蜇丝、叉烧等是现成的熟食；蚝油牛肉、鱼香肉丝、素炒三鲜等盆菜是半成品，放进微波炉加热几分钟即可上桌；最后一道是"笋干老鸭汤"，细心的商家连枸杞、葱段等配料都已准备妥当，只需加水煮熟，一顿丰盛的晚餐就可大功告成。

居民家庭的小厨房搬进大卖场，是商家与顾客的双赢战略：

● **顾客得闲暇**：大卖场热情周到的厨房服务，让上海人拥有了更多的闲暇时间，也正在把越来越多的上海人从厨房里"解放"出来。

● **商家得利益**："家庭厨房工程产品的老顾客多，回头客多，不但可以汇聚人气，还能带动卖场内其他商品的销售，真可谓一举多得。"一卖场负责人如是说。

专家点评

如今，像张先生这样上大卖场解决一日三餐的上海人越来越多为了把人们从繁重的厨房家务中解放出来，适应现代人便捷的购物需求，许多大卖场不约而同地将净菜、熟食、方便菜肴、家庭套餐等"家庭厨房工程产品"，作为卖场经营的"重头戏"。

> 不少大卖场还不失时机地推出家常菜现场加工、制作等特色服务，以经营食品、生鲜为特色的一些大型超市还率先将传统点心引入大卖场，大饼、油条、花卷、馒头摆上了卖场的货架，吸引了不少市民光顾。

◇ "老公寄存处"的启示

案例

> 女士们到商场购物总喜欢挑挑拣拣，买一件东西要转悠半天，陪太太逛商店是男人的苦恼之一。怎样才能让太太购得尽兴、"老公"陪得开心呢？上海一家商厦别出心裁地推出了"老公寄存处"的特色服务，在各个楼层开辟出了情调各异的茶室、咖啡厅，太太去购物的时候，可将先生"寄存"在这里，让他在这里看报纸、听音乐，大家各得其所。

"老公寄存处"的出现，凸现出商家的精明：

● **直接效益**：喝茶、喝咖啡的消费，使商场多了一个营业项目，这个"主项目"之外的"副项目"也是赚钱的一个渠道。

● **间接效益一**：有了"寄存处"，延长了太太们在商场逗留的时间。女人买东西往往"激情消费"的成分较多，年轻女性尤甚。逗留时间的延长，会给商场带来多少商机？可想而知。

● **间接效益二**："老公寄存处"的出现会吸引更多的顾客光临。试想，陪太太到一个可以"寄存"老公的商场消费，会使多少"老公"省去烦恼，他们自然乐意奉陪。

专家点评

> 任何一个有远见的经营者，都不会把目光局限于"主项目"，他们会通盘考虑，让"主"、"副"之间相得益彰，将生意做大做活，"老公寄存处"就是一例。

要选准"副项目",关键要学会观察顾客,从细微处捕捉信息。比如这个"老公寄存处",就是瞄准了男士陪太太们逛商场感到头疼这一普遍现象,从方便顾客的角度来考虑确定的。

所以,生意要做好,重要的是要先学会观察人,看看顾客有什么烦恼、有什么需求,多站在顾客的角度考虑问题,这便是"老公寄存处"留给我们的启示。

五彩缤纷的创意促销

一个开小商店的老板,为促销一种新上市的口香糖,特意养了几只八哥,然后训练八哥将这种新型的口香糖直接送到周围顾客的阳台或窗口,结果这种口香糖大受欢迎。

虽然这一促销方式可复制的范围相当有限,但至少从一个侧面说明:新奇而优秀的创意对于商品的成功促销无疑具有相当重要的意义。

◇ 讲缺点也是促销

案例

某资深导购认为:讲缺点也是促销,因为讲缺点的目的是把商品及服务实实在在地介绍给顾客。比如:介绍真丝服装时,同化纤面料对比介绍,使顾客买到商品的同时,也学到现代科技知识和使用技巧。

这样的介绍提高了成交率,并有效地防止柜台矛盾的发生,也进而把事后服务转变为事前及全过程预防性服务,既减少柜台矛盾的发生,又减少了顾客的后顾之忧。

多数导购初站柜台时,都特别注意向顾客宣传商品的优点,如何美观、实用等。说了半天,往往顾客的一句话就让他出乎意料:"这几件衣服都好,那我也不能都买呀。"因此,有经验的导购认为:柜台上也有辩证法,介绍商品要一分为二。

尤其是近年来,顾客购物时都存在这样的心理:怕买到假货,怕受到欺骗,所以顾客更关心商品的缺点,甚至胜过关心优点。因此,导购在介绍商品时要做到这样三点:

● 既要全面介绍,又要突出重点;
● 既要实事求是,又要突出特点;
● 既要做好商品宣传,又要尊重顾客的不同爱好。

温馨提示

在讲商品缺点时,导购也要注意一定的技巧,并不是说把缺点讲得如何严重就好。一般来说,采取商品比较的方法效果会好。一是横向比较,即此种与他种商品比较;二是纵向比较,即现在和过去的比较。比较的内容包括商品的质地、审美、实用、价格等几方面。这样比较的方法,使顾客看得清,了解得多,自然会坚定购买信心。

⇨ 让香味为你促销

案例

1915年,这个来自中国贵州深山老林里的不起眼的地方酒,之所以能够一举征服世界各国酒界名流,取得巴拿马万国展览会金奖,除了它非凡的内在品质外,更重要的是得益于香味促销。

当时展览会即将结束,茅台酒因简单的包装和陈列并没能引起人们的注意。这时,茅台酒的参展人员灵机一动,"不小心"把酒打翻了,顿时酒香四溢,现场的人都惊呆了……

自1915年之后,在历届国际大赛中茅台酒14次荣获金奖,成为举世公认的世界三大名酒之一。

当你步入商场超市，一阵沁人心脾的香气扑鼻而来，定能引起你的好感和关注，不少商品如果运用此法促销一定能起到事半功倍的作用。而茅台酒的成功就归功于其绝妙的促销法，以自己的香味刺激人们的嗅觉，获得不同凡响的效果。

● **符合商品特性，宣扬优良品质**：茅台酒的最大优点之一就香味宜人，通过"不小心"打翻酒瓶，正是向人们宣扬自己的优点。相反，如果是以成色、口感、营养见长的其他饮料、啤酒等就不能采用香味促销法。

● **符合现场情况，利用环境特点**：茅台酒选择香味促销法可谓选择了最好的场合，当时正是大庭广众，有足够的空间让香味四散开去，也有足够的人能够领略它的芳香，而且其中不乏品酒高手，这就是在最佳的场合向最好的对象宣扬自己产品的优良品质。

● **针对消费心理，激发购买欲望**：茅台酒用自己的香味来展示自己的品质，正是极好地利用了评委们的心理。评委们在没有预先提示的情况下，突然闻到一股酒的醇香，于是纷纷寻找这醇香的来源，带着美好的期望找到了茅台酒，再细细品味，果然是好酒！借着这种微妙的心理变奏，茅台酒更赢得了在场所有人的好感，加上自身不凡的品质，一举获得金奖，可谓一气呵成！

● **采用新颖形式，发挥促销功效**：茅台酒的香味促销法相对现场其他世界名酒的促销形式而言是新颖而有创意的，当其他产品的促销人员在产品包装、陈列以及口头的介绍、宣传等常规促销手法上绞尽脑汁时，茅台酒的促销员却独辟蹊径，用了一种最简单又最巧妙的手法，"不小心"地将酒瓶打翻，滴滴金玉的茅台酒立即与空气"亲密接触"，向整个会展撒播自己的芬芳醇香。无须赏心悦目的包装和陈列，也无须悦耳动听的介绍和宣传，茅台酒只需"暗送香波"，便紧紧揪住了所有人的心。

➡ 赏心悦目的色彩促销

案例

东京有家咖啡店的老板发现：质量完全相同的布料，因颜色不同给人以不同感觉，销售情况也大不相同。受此启发，他分别用青、黄、红和咖啡色四种颜色的杯子装上质量一样的咖啡，请人喝完后征求意见，结果饮者普遍感到味道不同，红色杯子装的咖啡味道最浓。于是，老板把咖啡杯全部换成红色，使生意愈发兴隆。

科学分析，人对于颜色的反应是与生俱来的。在店铺中，色彩是无声的导购，善用色彩的魅力，可以产生即时的视觉震撼，激发人们潜在的购买欲望。

因此，运用色彩对比的陈列原则，在促销中巧妙地使用视觉促销法，如醒目的产品陈列、生动的POP店头宣传品等，能引起消费者的注意、渲染购买气氛，均可起到很好的促销效果。但是，在色彩的运用上，导购要注意这样两点：

● 敢于突破一般的色彩组合原则，使色彩运用给人以新颖独到的感觉。

● 提高色彩的明度和纯度，这样可以加大对消费者的心理冲击力或心理错觉，引起他们的关注。

案例

"白加黑"感冒药凭借其独特的"黑白"色彩强化对比和成功的产品定位，加上"白天服白片，不瞌睡；晚上服黑片，睡得香"的关爱广告的推动，获得了骄人业绩，堪称经典。

⇨ 羞涩促销

案例

东京某百货公司，为了争取顾客，想出了一种叫人"不好意思不买"的促销战术。

首先该公司给顾客寄出有100种食品编号、品名、特点和单价的广告单，并写着："我们为您诚心服务，食品100种，请您打电话来，我们就马上把货送到府上。"如果顾客打电话要求送货，商品会很快送到。当然，顾客也可直接到该公司"挑肥拣瘦"后订货。

但当顾客亲自上百货公司选购完货物时，导购就会主动热情地告诉顾客："我们为了免去顾客携带之苦，您挑货，我送货！

在日本，因人手不足，用人费用非常昂贵。"您挑货，我送货"的做法岂非倒行逆施，跟时代背道而驰？然而，他们的秘密就在这里。

如果按这里的导购所言，请不要亲自带回去，那么，让他们单送一个50日元的罐头也是没话可说的。不过，事实上没有人会这么做，因为顾客总是会不好意思，这样就会促使大部分顾客顺手大买其他东西叫导购一起送来，这是人之常情。

这就是该公司看透了这项人情的奥妙和弱点，于是大做文章，充分利用。这种配送作战果然立下了神功，该店以后的销售额直线上升，超过以前的三倍。

顾客资源的拓展与维护

沃尔玛说："关心你的商品，它将一去不回；关心你的顾客，他会再三光顾。"

店铺要维持良性运转，必须在维护老顾客的同时注意开发新顾客，否则顾客将逐年减少。而为了增加固定顾客，吸引消费者的认同则为首要任务。同时，要知道即使商品再优良，服务顾客的诚意远比商品更能感动顾客。因此，处于商品终端的导购必须知道如何来拓展和维护自己的顾客资源。

⇨ 顾客开发的"绿色通道"

新顾客开发是店铺拓展与维护顾客资源的一项基础工作，也是提升导购的销售业绩、保持与顾客良性互动的必要方法。可以说，在保持老顾客的前提下，随时开发新顾客是店铺良性运作的必要手段。那么，如何来开发新顾客，其开发途径又有哪些呢？

1．营造吸引顾客的独特氛围

店铺和导购必须根据所在地区的特性，设计店面的形象和活动氛围，以适合当地消费者的心理，这样才能更好地达到传递"来店铺购物是至高享受"这一信息的目的。因此店铺的装潢与布置首先应该有自己的特色，往往正是你的与众不同吸引了顾客光临；其次舒适洁净也是必备条件，这样的环境才能给人以宾至如归的感觉；最后，导购和服务人员整齐的着装、礼貌的言谈举止等都是非常重要的。

2．老顾客介绍新顾客

研究表明，在没有接触过的个人或公司处接到新生意，比从老顾客处发展更多的生意花费的时间、精力和金钱要多很多。因此，选择老顾客作为企业的宣传者，通过口头推介、电话、信件等各种方法推荐企业品牌，可以发掘到更多的潜在顾客和现实顾客，而且成本甚低。

温馨提示

店铺和导购可以利用友情卡来开发新顾客。此种友情卡的目的在于加强口碑的效果，积极开发客源。

方法是：分发友情卡给来店光顾的顾客，凡介绍新顾客五人以上者，可获礼品或购物优待。对使用友情卡的顾客的各种优待方法及优待措施，应配合当时的营运情形、季节特色、流行趋势等，使顾客的消费意愿创意化，达到真正提高营销业绩的目的。

3. 运用顾客地图发掘新顾客

店铺的顾客来自商圈的各个方向，导购须具备分析顾客来源的能力，要知道哪个地区的顾客较多或哪个地区的顾客较少，并有效地加以运用。

例如，来自A地区者非常多，而来自B地区者极少时，导购就应判断，为什么A地区的顾客较多而B地区的顾客较少？于是，从顾客地图上可发现：

● A地区顾客较多，是因为店铺在位于去往车站的途中，做了比较醒目的广告招牌，加上熟客口头介绍，商品价格又符合该地区顾客的消费能力等。

● B地区的顾客较少，是因为有多家店铺在竞争，从B地区前来本店的交通又不太方便等。

如此，在顾客所在地区的地图上，作种种的判断和记号，找出相应的方法，此地图即是所谓的"顾客地图"。

知识链接　　　　顾客地图的制作方法与运用

◆ 准备一张以自己店为中心的地图，地图上以自己的店为中心，各画以250米、500米、750米、1 000米四种距离为半径的圆。

> ◆ 从店铺信息库中查出顾客地址，在地图上在其所在地做记号，再从固定会员卡名录中，查出顾客地址，用不同颜色标注在地图上，将同类竞争店亦在地图中进行标注。
>
> ◆ 从地图上认识该地区的特性，如顾客集中于社区或公寓较多时，必须采取提高服务品质或商店形象的对策。若来自某地区顾客较少，原因又不是同业竞争，则该考虑是否价格或商店形象与该地区顾客的要求不符，依此力求改善。

◇ 如何与顾客保持良性互动

在维持与顾客的关系中，主动是最重要的原则。一般情况下，顾客进入店铺已经是一种主动的行为了，再要其主动与导购结成朋友的可能性很小，导购只有主动与顾客保持联系，才能够与顾客保持良好的互动。

1. 怀有一颗感激之心

对导购而言，感恩不纯粹是一种心理安慰，也不是对现实的逃避，更不是阿Q的精神胜利法；而顾客也不希望导购只把他看成销售业绩表上的那个数字，他更希望收到一份对他本人的真诚的感谢。因此，感谢一切吧！

● **在心中培植一种感恩的思想**。沉淀心中的浮躁、不安，消融许多的不满与不幸。

● **用勤奋的工作和无私的奉献**，来回报恩惠。以感恩的心态去面对一切事物，不要害怕吃亏！这样你就能自觉地、无条件地为客人付出，而不会在乎自己是否吃亏，是否得不偿失。经常怨天尤人的人是很难取得巨大成功的，因为他总觉得，在这个世界上总是别人欠他的；或者认为不成功是所处环境导致的。

● **在面对顾客时，保持着感激的心态，把服务做到最好**。顾客是上帝，服务人员应该坚持顾客至上的观念。而没有感恩心态的人，一切以自我为中心，心胸狭窄，他们无法感受到服务的喜悦，工作自然也无法使他们开心。

2．让顾客真正喜欢你

如果顾客真的喜欢你，是不会在乎你的商品价格是否高些，或你的商品质量好不好；如果不喜欢你，和你打交道的可能都微乎其微，又何谈交易成功？可是，问题的关键在于：如何让顾客喜欢你呢？

● **利用赞美的力量**。导购要有一双善于发现美的眼睛，要学会赞美你的顾客。这种赞美不是指刻意的阿谀奉承，而是用真诚找到顾客优秀或与众不同的地方，比如人格、相貌、衣着或言行举止，都会有你值得称赞的地方。

● **掌握听的技巧**。倾听同样是一种赞美，它所表现出的不仅仅是关心。因此，导购要学会听，不只是听见，而是真正地倾听，并在听的过程中给予肯定、回应和理解，让顾客意识到你是他的朋友。

● **给顾客额外关注**。惊叹源于细节。不要忘记，也许就是你的一个微小的事情使顾客感到温暖、舒适，从而记忆深刻，比如松木酒店的热烤巧克力松饼服务或是塔尔伯特给顾客装收据的小信封。

3．与顾客保持互动式联系

案例

国外有一顾客到某店买手表，用信用卡结账后，得到了一份额外礼物。导购说："感谢您再次光临本店，您五年前在本店买过一个钻戒，现在肯定升值了，恭喜您。今天是您生日，本店送您一份小小的礼物，祝您生日愉快。"

这绝不是导购记忆力惊人，而是该店的顾客信息管理系统记录了包括该顾客在内的所有顾客的详尽历史信息，并在POS机上适时地给予导购相应的提示。但这个顾客五年没有光顾该店铺，店铺空有这样的记录又有什么用呢？为什么不能主动约请你的顾客来光顾呢？

因此，导购要善于利用现在先进的通讯工具，定期地提醒你的顾客你还存在，并随时恭候他的到来。这种与顾客的互动式联系，可以采用的方式很多，比如：电话、问候卡、适时通讯、传真、电子邮件——任何一种能够友好地提示你的顾客你在想念着他们的方式。

⇨ 赢得顾客忠诚的方法

案例

学校附近有好几家豆浆店，却惟有一家生意兴隆，每天顾客川流不息。原来，一般豆浆店卖的甜豆浆只加白糖，但这一家却有三种不同的糖供顾客选择。

第一种是白糖，和其他几家并无不同。

第二种是具有滋养喉咙、保护声带功用的蔗糖，这是为在附近教学的老师贴心准备的。

第三种更绝了，由于学生群也是该店的主力顾客，而学生们喜欢新奇，店家特别针对他们的特性准备了黑糖，加上去整碗黑黑的，别有一番滋味，学生们戏称为"巧克力豆浆"。

除此之外，这家豆浆店的老板和服务员对顾客的姓名都能熟记于心，每一次顾客去光顾的时候他们都会亲切招呼，同时还为老顾客准备一些赠品相送。

所以这一家豆浆店每天车水马龙，每个人也都忙得不亦乐乎，至于其他店家简直是门庭冷落车马稀，形成强烈的对比，真是几家欢喜几家愁。

顾客真正追求的是能够提供"超越顾客期望的产品和服务"，而这家豆浆店却成功地把握了这一点,他们在经营的创意上比别人多用了一份心。不仅提供顾客各自需要和喜爱的产品,让顾客满意;同时用亲切、额外的服务,让老顾客产生了"最大满意"——"让顾客感动",从而强化了"顾客忠诚度"。

因此,要赢得顾客的最大忠诚,导购需把握这样几个原则:

1. 敞开心胸亲切接待

创造你的忠实顾客,首先必须使顾客感到亲切,并产生信赖感。因此,作为导购必须自己敞开心胸,以开朗的心情来接待顾客。惟有使顾客放松警惕并感到亲切,才能与导购有彼此心灵上的沟通。

2. 发现顾客的长处和优点并加以赞美

注意顾客的服装、仪表、携带物、表情、言语等,发现其长处和优点,以自己的感觉真诚赞美。对于常穿红色服装的顾客说:"看来您很喜欢红色,这颜色很适合您的个性,热情大方。"

3. 了解顾客的兴趣和爱好

例如,运动器材的导购,在销售足球或篮球时以自然的态度询问顾客:"您看足球(篮球赛)吗?是哪个队的球迷?"听其回答后,可以和他聊聊这方面的一些话题,并以轻松的心情告诉对方:"我也是××球迷。"这样就无形中拉近了与顾客的关系。

4. 记住顾客的容貌和姓名

在销售服务中,一句像老朋友一样亲切的称呼、问候,可以让顾客明白你很在乎他的到来,很关心他的生活,这样就迅速拉近了与顾客的关系。

导购可以通过信用卡、登记送货地址以及顾客与同伴间的称呼来知道顾客的姓名,对常来的顾客则可以热情坦率地请教他们的姓名。

5. 多做贴心小事，提供超越顾客期望的服务

要赢得顾客忠诚，导购还必须真诚地为顾客多做一些贴心小事，这些小事往往会超出顾客的预料，成为建立顾客忠诚度的最好时机。比如：炎热的夏天，递给满头大汗的顾客一条冷毛巾、一杯冰冻矿泉水，这些都会赢得顾客的感动，积累顾客美好的感觉。

温馨提示

贴心的互动、贴心的服务会给顾客留下深刻的印象。因为，很多顾客进到店里，并没有特定的期待，不会刻意期待一杯水、一条冷毛巾，甚至不会期待热情的开始和诚恳的态度，如果导购能够做到这些，就能够突出店铺的特殊性，赢得顾客的青睐。

第十章

异常应对——化"危"为"机"

在店铺的销售活动中，顾客投诉和异常情况是不可避免的。但不要忘记，"忠言逆耳利于行"，我们应切记对待顾客投诉的有效公式为：顾客抱怨＝店铺盈利机会。这个公式告诉我们，顾客的抱怨有如一个安全阀，把顾客的抱怨看成是对店铺的信任，并尽可能找出抱怨的原因，及时化解顾客的不满，就可以化危机为转机。

同时，面对如盗窃、停电、自然灾害等突发事故，导购必须在事前做好相应的准备工作，这样才可以在事情来临之时做到处乱不惊、自然应对，并能够巧妙地化危机为机会，为店铺和自己带来利益。

"免费"的超市

春节前夕,某大型超市里人山人海。临近年关,顾客多,每个顾客购买的商品也多,十几个收银台都没法较快地处理顾客的结账问题。

晚上快8点时,顾客又累又饿,等得不耐烦了,于是有人开始吃店里的东西,随后很多人纷纷仿效,局面显得很混乱。

该店导购迅速报告店长。

店长却没有让保安进行阻止,也没有关门赶客,而是告诉顾客抱歉让他们久等了,店里过意不去,请饿了的顾客随意吃。

店长的这一决定,不但制止了一场意外的顾客抢店事件,也让顾客体验了该店的与众不同,为店铺赢得了更多的顾客和业绩。

从上面这个案例可以知道,当突发事件发生后,店铺处理的态度和方式会起到正负两种不同的作用。巧妙处理不但可以化解双方的矛盾,还可以起到维护店铺形象的作用,得到满意服务的顾客也必将成为店铺的免费宣传员,给店铺带来更多的忠实顾客。

毕竟,在这个瞬息万变的时代,谁也无法保证自己绝对不会碰到突如其来的意外。也许意外的发生出人意料,但是如何预防、妥善处理危机,进而将危机化为转机,这才是考验一个人的能力的关键时刻。

变投诉者为拥护者

导购每天要面对几十个甚至上百个顾客,这些顾客由于年龄、个性、爱好的不同,对商品和服务的要求会千差万别,由此产生的投诉也会五花八门、复杂多样。

顾客投诉是指顾客对商品或服务的不满或责难，有时又称为抱怨。零售店铺不可能满足所有顾客的所有需求，因此抱怨或投诉是必然的。导购应从"保证顾客满意"这一服务理念出发，认真谨慎地对待每一次顾客投诉。

⇨ 是谁点燃了"上帝"心中的怒火

尽管你觉得自己对工作非常尽心，对顾客也无比热情，但还是会遇到一些顾客对你沉着脸，或是事事与你作对，甚至投诉到你的上司那里去。难道是这些顾客在无理取闹？事实上绝非如此。产生顾客投诉，肯定是有其原因的。

1．因商品品质引起的投诉

当商品本身有问题，如质量不良、功能欠缺、价格不当等，或者有关商品的销售证据不充分、顾客希望购买的商品缺货断货时，顾客自然会提出种种投诉。

对源于此方面的投诉，导购应实事求是地予以处理，在销售商品时及时提供更多的证据，品质不良应设法改进或报告店长直接下柜，不再销售。

温馨提示

商品缺乏相关销售证据或标示不符的表现为：

◆ 进口商品未附有中文标示；

◆ 标示上的制造日期与商品上打印的制造日期不符；

◆ 商品上的价格标签模糊不清或有数个价格标签；

◆ 商品价格标签上标示的价格与宣传单上标示的价格不符；

◆ 商品本身外包装上的说明不清楚，如没有生产日期、用途说明或其他违反商标法的情况。

2．对店铺环境、设施的抱怨

零售店铺的环境会直接影响顾客的购物心情。光线柔和、色彩雅致、整洁宽松的环境常使顾客流连忘返。如果顾客对店铺的购物环境或服务设施不满时，也会产生投诉。比如：

● 因店铺地板太滑导致小孩摔跤、人太多被小偷偷了钱包、扶手电梯突然停电等不安全因素，致使顾客缺乏安全感而引来的投诉；

● 因卖场灯光太暗、不通风、夏天空调不够制冷等环境因素，导致顾客购物不便利而引来的投诉；

● 因为店铺服务设施不合理而引来的投诉，如顾客必须先上二楼百货区域，才能下到一楼的生鲜区域，存包处太少、没有试衣间等。

3．因导购服务方式、态度引起的投诉

当导购服务态度不好、销售礼仪不当、销售信誉不佳，以及所提供信息不足时，导致顾客投诉也是比较多见的。比如：

● **应对不得体**。如不顾顾客的反应，一味地推荐；只顾自己聊天，不理会顾客的招呼；在为顾客提供服务后，顾客又不买了，马上板起面孔，给顾客脸色；说话没有礼貌，过于随便。

● **销售方式不当**。如硬性推销，强迫顾客购买；对于商品的相关知识不足，无法满足顾客的询问。

● **对收银的抱怨**。如少给顾客找了零钱；多扫描了商品，多收了顾客的钱；收银速度太慢。

● **不遵守约定**。如顾客依照约定的日期前来提货，却发现商品还没有订购；顾客要求改裤脚，过了约定的日期却还没弄好。

● **运送不当**。如送货送得太迟；送错了地方；运输途中把商品损坏了。

⇨ 处理顾客投诉的两大原则

> **案 例**
>
> 日本三菱公司曾发生了一起投诉案:成都有人开着三菱公司生产的"帕杰罗"汽车,因故障导致车祸,所以投诉三菱公司。
>
> 公司对这件事的处理态度很消极。首先要求把汽车运回日本鉴定,因为他们认为中国企业的鉴定结果不可信,必须由他们鉴定,看是不是汽车的原因。这件事前后拖了很长时间,各大媒体纷纷把矛头指向了三菱,电视台也进行了采访。采访时三菱公司主管的态度也很消极,说无可奉告,始终不愿承认。
>
> 最终这个投诉怎么解决的呢?三菱在中国召回了所有的"帕杰罗"车,承诺对所有的"帕杰罗"进行零件更换。整个投诉事件的处理用了很长时间,给企业信誉带来很大的负面影响。

有些顾客投诉,实际上不是抱怨产品或者服务的缺点,而只是向你讲述对商品或服务的一种期望。因此,当发生顾客投诉时,导购应认真对待,并从顾客的角度考虑问题,不能推诿搪塞,更不能责怪顾客,要本着双方都满意的原则来处理问题。

1. 不要产生负面评价

对上门投诉的顾客,特别是当错误是由于他自己的原因:他忘记了、他误操作了、他理解错了、他不去看说明书等造成时,你可能会对这些顾客产生一些偏见,对他们说一些难听的话(不是当着他们面,而是在内心默默地骂)。例如,蠢货、傻瓜、笨蛋、白痴、泼妇等。

一旦你带着这种心态去接待投诉的顾客,你已经在脑海里给顾客贴上一个标签,从而形成一种负面评价,这会大大改变你对顾客的态度,无形之中已经形成与顾客之间对立的局面。你会变得容易发怒、失去理智,甚至与顾客争吵,这时你和顾客已不是在解决问题,而是两个失去理智的疯子。

最后,即使你赢了,看着顾客愤怒地走了——你为"打"跑了他而感到痛快。但是,当顾客永远地离开了你,当他到你的竞争对手那儿寻找需要时,你会更加愤怒,甚至痛苦!

2. 站在顾客的立场想问题

当顾客发泄的时候,他们可能会表现出灰心丧气、烦恼、失望或者气愤等情感。想一想,如果你遇到这样的情况,也许同样气愤难平。

切记:尽管顾客似乎在对你发火,但事实上你仅仅是他们发泄的对象,他不是真的要针对你。因此,导购要尽量让自己设身处地地站在顾客的立场上去想问题,了解其感受。

当然,站在顾客的立场想问题并不是非得赞同他们,而是通过让顾客知道你明白他们为什么难受,从而在你们之间架起一座理解的桥梁。比如,用简短而真诚的语言,使不易相处的人平静下来:

● 我明白您为什么觉得那样。

● 我明白您的意思。

● 那一定非常难过。

● 我理解那一定使人心灰意冷。

● 我对此感到遗憾。

对一位顾客说声对不起,并不表示你或者你的店铺做错了什么,这只是表明,为顾客有这样不愉快的经历而感到遗憾。同时是你认同他的处境,明白他的心情。

◇ HAKS:投诉处理四部曲

美国一家汽车修理厂,他们有一条服务宗旨很有意思,叫做:先修理人,后修理车。什么叫"先修理人,后修理车"呢?顾客的车坏了,他的心情会非常不好,你应该先关注这个人的心情,然后再关注汽车的维修。

可是很多导购在面对顾客投诉时都忽略了这个道理,往往只修理"车",而不顾人的感受。所以,导购在处理顾客投诉时,首先要做的就是"先处理情感,再处理事件"。再进一步细化,处理顾客投诉的步骤可以归结为以下四点:

1．H(Hear):有效倾听,接受批评

在接待和处理顾客投诉时,我们首先要让顾客把他心里所想说的话说完,这是最起码、最基本的态度,体现出我们对他的尊重。如果不能仔细听顾客的诉说,中途打断他的陈述,就有可能遭到顾客最大的反感。

顾客还在陈述自己的疑问时,如果我们插入"不,不是这样的!我当时不是这个意思,您误会了"这样的话语来为自己辩解,那么顾客无法充分表达他的意见,很可能因此而更生气,更感情用事。

我们要让顾客充分地倾诉他的不满,并以肯定的态度诚恳地听其说完,至少可以让顾客在精神上得到一丝安慰。正所谓"不吐不快",如果一直压抑别人说话,就会使当事者在心理上产生反弹情绪,一下就激动起来。

总之，对待顾客的投诉，首先是要虚心接受，本着"有则改之，无则加勉"的态度来看待顾客的意见和不满，其次要想办法消除这些不满的情绪。

2．A(Apologize)：巧妙道歉，平息不满

在顾客投诉发生的开始阶段，如果一线导购和投诉处理人员能够加以平息，往往能起到事半功倍的效果。巧妙的道歉，就是一个平息顾客不满的好办法。

一般而言，在顾客投诉初期，他们常常是义愤填膺，情绪非常激动，导致措辞过分激烈，甚至伴有恶言恶语、人身攻击等。在此情况下，我们首先应冷静地聆听顾客的全部委屈，全盘了解顾客不满的原因，然后诚恳地向顾客道歉，用"非常抱歉"、"真是对不起"等话语来稳定顾客的情绪，稍后再商谈投诉之事，这样问题就比较容易解决了。

当然，我们在处理顾客投诉时，遇到不满情绪，也不可以一味地使用道歉的字眼来搪塞。除了要诚心诚意地了解顾客委屈之外，最重要的是一定要把道歉的态度清楚、明白地表现在自己的行为上。

道歉的同时，以下三点在我们的工作过程中相当重要：

● **牢牢记住自己代表的是店铺**。当导购向顾客道歉时，一定要想到自己代表的是整个店铺，而不只是代表你个人。只有有了这种思想，才会慎重地、认真地向顾客道歉，而不是抱着"那是××闯的祸，不关我的事"这一态度。

● **"说明"不是"借口"或"辩解"**。当当导购充分地向顾客道歉，请求原谅后，对需要说明的地方一定要慎重、清楚地向顾客说明。如果在说明过程中，顾客再度产生抱怨或不满，也不要心急，一定要让顾客把想说的话全部说完，然后再继续向顾客说明，如果没有其他要解释的，最好是少说为佳。

● **道歉要有诚意**。一定要发自内心地向顾客表示歉意，不能口是心非、皮笑肉不笑，否则就会让顾客觉得自己被玩弄。顾客的意见是正确

的，就应该虚心愉快地接受，坦诚地承认自己有过错，肯定顾客是正确的。这样，不但不会让顾客反感，反而会使顾客觉得我们有诚意。

3．K(Know)：调查分析，提出方案

在接受顾客投诉后，除了调查被投诉商品的情况是否属实外，还应尽早了解顾客的希望和店铺导购的一些看法。然后，尽可能地按照顾客的希望来进行处理，这是解决顾客不满的最完美的方法。但是，要在尽可能不损害店铺利益和顾客利益的前提下妥善解决。

据上例，在接受顾客提出的抱怨和要求时，尽早地了解顾客的愿望，是解决顾客不满的关键。为此，导购在平时的业务过程中一定要"用心去体会"，积累揣摩、听懂弦外之音的经验。

下面是三种常见的情况：

● 若是顾客用坚定、高昂的语调重复陈述一件事实时，可以大致猜出这就是顾客心中所想。例如，某位顾客如果一而再，再而三地强调："其实我并不是一定要求赔偿我的损失。"这句话表明，他内心里是希望店铺赔偿他的全部损失。遇到这种情形，除非店铺全额赔偿损失，否则问题不可能圆满地解决。

● 当顾客反复强调商品的缺点，而不是主动提出退货或者不是强烈要求退货时，说明顾客希望降价销售。例如，某顾客买了一件内衣，回家后却发现内衣上有一个污点，于是她找回那家店铺，却又不谈退货一事，而只是再三声明这个污点影响美观，这说明她希望店铺能够在价格上给予一定的补偿。

● 假如顾客问导购"你觉得怎样"，表示他对讲过的话存有印象，由这些细节方也可以找出顾客的本意。例如，顾客会常常问：你觉得这么做可以吗？难道没有更好的办法吗？这就表示他们对处理的方式还不太满意，因此，只要仔细揣摩藏在这些问句中的意思，一般都能够找准顾客希望之所在。

4. S(Solve)：执行方案，再次道歉

在处理顾客投诉方法上，一旦了解了顾客投诉的真正原因，就应尽快着手处理问题。一般情况下，店铺的管理人员和导购处理顾客投诉时，可依照如下三步来做，即首先耐心听取顾客意见，分析其内心状况；接着诚心诚意地道歉；然后按规定或请示上司后，与顾客进行解释、沟通。

以下是几种典型投诉的处理方法：

● **商品质量问题**。若顾客买到手中的商品质量不良，或是假冒伪劣产品，说明店铺没有把好关，负有不可推卸的责任。解决此类投诉时，要先向顾客真心实意地道歉，并按店铺承诺给予赔偿，同时奉送新商品及一份小礼品作为补偿。

若是顾客由于购买了该商品而受到精神上或物质上的损失时，例如，顾客因使用购买的化妆品造成皮肤上的损伤等，店铺应考虑这一影响，适当地给予赔偿以示安慰。

● **顾客使用不当**。如果在商品销售时，导购对商品的说明不够准确，没有讲清楚使用方法，或者卖了不适合顾客使用的商品而导致破坏性损失，导购必须承担部分责任。

无论怎样，只要错误的原因在店铺一方，店铺就一定要向顾客诚恳地道歉，并以新商品换旧商品作为补偿办法。若是新商品换回旧商品后仍然不能弥补顾客所蒙受的损失，则应采取一定措施予以适当的补偿和安慰。

● **顾客误会**。如果因顾客误会而产生的投诉，导购一定要平静、仔细地把事情的原委告诉顾客，让顾客了解真实情况，但也要注意不要将话讲得太明，否则顾客容易因下不了台而恼羞成怒。

遇到这种情况时，导购在解释时语气一定要委婉，要诚恳地让顾客知道，自己并不是要让他难堪，只是想使不满的气氛化于无形而已。这么一来，顾客往往会很配合你，释怀轻松起来。一定要注意，不要老是强调自己的清白无辜，否则顾客会用"我绝对不会那么糊涂，连这么简单的事情都搞不懂"等话来为自己辩护，掩饰自己的过错。

● **接待服务不当**。由于导购服务态度不佳而产生的顾客投诉,并不像商品质量差那样具体而有明确的证据,而且即使是同样的对待顾客的态度和习惯,也可能因顾客心理的不同而有不同的结果。所以,这种投诉处理比较困难,不论这种投诉产生的原因是否在导购,店铺都必须这样处理:

仔细听取顾客的陈述,向顾客保证今后一定要加强导购的教育,不让类似的情形发生;店长陪同引起顾客不满的导购,一起向顾客赔礼道歉,以期得到顾客的谅解,并督促导购改进服务。

● **不讲理顾客处理**。在处理解决顾客投诉当中,会遇到各种各样的顾客,有些是蛮横、不讲理的顾客,他们大喊大叫、辱骂甚至有潜在的暴力倾向。对此,我们应本着"有理、有利、有节"的原则处理问题,如解决不好,及时向主管领导汇报。

正确面对顾客退换货

案例

有一位男职员,年底到商店为单位买奖品,顺便给小孩买了衣服,回家后才发现妻子也给小孩买了衣服,比他买的好看多了。

第二天他到商店退货,可商店说什么也不退,惹得这位男顾客很生气,他对周围的人说:"我再也不去那家服务不好的商店买东西了。"

顾客买了东西又觉得不满意而提出退换货要求是经常发生的事情。在案例中,男职员要退换的只是他所购商品中很少的一部分,而如此一来,商店却损失了一个大客户。

其实,"退换"只不过会给导购带来点小麻烦,得到的却将是顾客的信赖。因此,对于来店退换货的顾客,导购必须善加招待,根据一定的退换货标准和退换货流程,在允许的范围之内为顾客办理退货或者更换手续。

◆ 顾客退换货标准

商品的退换货过程是导购对顾客服务的延续。因此，什么样的商品能退，什么样的商品不能退，商店应有明确的规定。导购在谢绝顾客的退换要求时，要和颜悦色，客客气气，讲明理由。同时，导购在处理顾客的退换货要求时须遵循如下原则：

- 销售的产品被鉴定为存在质量问题时，无条件退换。
- 顾客要求退换的商品正在打折时，虽然商品的价格高于现价，也只按现价退款；如退换的商品属质量问题，按购买价格退换。
- 如所调换产品价格低于原商品价格，顾客可挑选其他商品补充，直到与原商品价格持平，店铺一概不赊欠、不退款。
- 如所调换产品价格超出原产品价格，顾客需支付超出金额。
- 由于使用不当造成人为损坏的商品，不予退换。
- 没有购物发票的商品，不予退换。
- 特价商品，不予退换。
- 顾客购买的商品如果接受礼品，只换不退。
- 顾客不满及退换货不能断定责任的，第一时间上报上一级主管协助解决。

另外需要提醒的是，导购在决定该不该为顾客提供退换货服务时，首先要弄清楚顾客为什么要退换。顾客要求退换货一般有以下四种情况：

- 商品是残次品或被弄脏穿过的。这种情况责任显然在店方，应给顾客赔礼道歉和退换，同时内部还应查明原因，以便改进工作。
- 买走后觉得不称心，像尺寸不合适或颜色不随心意。这种情况责任在顾客，怨他挑选商品时不细心，即使这样，也不要责怪顾客，应痛痛快快地给退换。
- 导购介绍商品言过其实，强行推销。这种情况责任在店方，商店应好好检查一下指导思想和平时的经营方针，对职工进行优质服务教育。

● 顾客一时心血来潮不想要了，没有充足的退换理由。这种情况，理论上应不予退换。但若没有用过，不碍出售，还是痛痛快快退换为好。

◇ 退换货流程

当顾客来店提出退货、换货要求时，导购应先安抚顾客的情绪，确保店铺的正常营业，同时按照以下流程处理顾客的退换货要求：

● 顾客凭本商场电脑小票和相应商品提出退货要求，总服务台接待人员接待时，应检查该商品是否符合退换货标准，然后对符合退换货标准的商品填制《顾客退货申请表》。

● 由该商品的柜组员工对商品进行鉴别并签名确认。

● 营运经理或售后服务部主管审批《顾客退货申请表》。

● 在柜台组长或专人监督下将退货商品带回柜组。

● 到指定收银台或财务部退款给顾客。

● 传单：收银或出纳留一联、柜组一联、总台一联。

※ **特别提醒：**

金额在500元以内（含500元）每单，由售后服务主管审批，超过500元／单由营运经理或总经理（副总经理）审批。

顾客无购物凭证办理退货手续时由总台员工注明，并由营运经理或总经理（副总经理）签名确认方可。

◇ 退换货处理三注意

有位古人，在商人"八训"中曾经写道："当顾客买的东西不合心意而来退货时，应比卖货时更客气地对待。"

然而，在更多的时候，导购对买东西的顾客态度很好，一见退货就不高兴。要知道顾客买了不称心的东西心里也不痛快，如果顾客退货时，导购比卖货时服务态度还好，顾客会感谢你，也定会提高本店的声望。

因此，在处理顾客退换货事件时，除按照一定的退换货标准和流程进行处理外，一定要注意顾客的情绪和维护店铺的利益，采取比较委婉的方法对不同的情况做出相应处理。

1．站在顾客的立场考虑，要比卖时更加热情
- 保持微笑，有礼貌、有耐性地查询及聆听对方退换货原因。
- 礼貌地请顾客出示小票，并检查顾客带回的货品状况。
- 如符合要求，按照退(换)货处理原则办理手续。
- 对新取的货品，应请顾客检查质量。
- 退回产品款项后，应填写退款单。

2．对不同的退换货情况分别作不同的处理
- 属商品质量问题的次品要马上向顾客道歉，并按顾客要求予以退换。
- 顾客自身原因，按规定退换的同时，进一步介绍本店的其他商品及相关商品，为会员的募集打好基础。
- 工作人员语言、态度恶劣而引起的退货，店长要出面诚恳地道歉，尽量取得顾客的谅解，避免矛盾升级，减少损失。
- 顾客恶意索赔时，要以正当理由坚决拒绝，不能让顾客报有两可的希望。

3．加强自身素质的训练
每日上货前，仔细检查商品品质，防止次品或商标与挂牌不符的商品上柜。同时要熟悉产品的质量、特点、规格、优缺点、保养方法、数量等相关知识，以便销售时能对顾客明确建议，增加满意度，减少退换货的发生。

积极预防顾客偷窃事件

随着自助式购物的兴起,现在很多店铺都采取敞开式销售的经营方式。这种方式给顾客选择商品带来了方便,也增加了导购与顾客的交流机会,但同时也使店铺失窃案件的数量直线上升。因此,如何防范偷盗事件、将偷窃率降到最低是每一家店铺都必须面对的难题。

◇ 店铺失窃知多少

一般而言,店铺比较容易失窃的地方多为:卖场的死角或看不见的地方、易混杂的地方、照明较暗的地方、通道狭小的地方和商品陈列杂乱的地方。这些地方多在导购视线难以控制的方位,因此给了盗窃者下手的机会。

一般而言,零售店铺的失窃有以下几种形式:

● **随身隐藏**:即顾客将商品藏匿在衣服、提包内不付账带出超市。这是一种比较常见的现象。

● **高价低标**:即顾客撕毁商品的标签或将低价商品的条形码更换到高价商品上,达到少付款的目的。

● **偷梁换柱**:顾客将高价值商品装入低价商品的包装内,以低价商品的价格来结账。

● **蒙混过关**:即顾客在大包装商品中,藏匿其他小包装的商品,比如购买皮包时将其他商品隐藏在皮包内。

● **明吃暗盗**:有些顾客未付账白吃店铺中的商品,或与店铺员工内外勾结、团伙盗窃,都会给店铺带来很大损失。

据统计,无论是百货商店还是超市,这些开架售货的店铺中最容易丢失的商品种类主要集中在化妆品、洗发护发用品、香烟、胶卷、电池、巧克力这类价格较高或方便携带的商品。这类商品的失窃约占商场损失的50%—70%

左右。所以，如果是负责这些产品柜台的导购就必须提高警惕，多加防范。

⇨ 防范偷窃的安全措施

> **案例**
>
> 一天，正当门店生意较忙时，导购小贺来找店长，说她看到一位先生将洗发水放入自己口袋中，问店长怎么办。
>
> 于是，当这位先生来到收银台前结账时，店长以最自然的态度对这位先生说："先生，您买的洗发水要不要我先帮您包起来？"
>
> 这位先生有点尴尬，把洗发水拿出来让收银员结账。
>
> 店长还趁这个机会和这位先生聊聊天，让气氛缓和下来，让一切都和平常一样，这位先生也在很自然的气氛下离开。
>
> 临走前，店长还不忘向这位先生说声："欢迎下次再来！"

目前，任何店铺没有处罚权，即使是顾客错了，店铺也绝不能以非法手段对待"小偷"，擅自处罚，而应像案例中的店长那样，在认定偷窃之前给顾客适度的提醒和购买机会。当然，采取必要的防范措施仍然是店铺防盗的最有效方法。

1. 防盗式的商品陈列

多数情况下，灯光暗淡、摆放凌乱的柜台和导购视线不能顾及的地方，最容易丢失商品，所以，导购可采用一些特殊的商品陈列方式来预防这种现象的出现。

● 体积小、价值高且吸引人的商品，必须陈列在导购视线控制的范围内。

● 设置"精品间"，把一些易丢失、高价格的商品集中到一个相对较小的区域。

● 经常改变易丢失商品的陈列位置，或将其陈列在货架最端头和卖场入口附近。

● 检查商品上的条形码，防止其脱落，以免给顾客留下可乘之机。

● 在卖场设置防盗监视系统，如窥孔、凸镜、摄像机、电子防盗系统等。

2．导购的防范偷窃技巧

防盗是店铺所有员工的责任。导购若在平时的工作中多加留意，形成人人都是防盗员的风气，也可以有效地防范顾客偷窃商品的现象。

● 禁止顾客携带大型背包和提袋进入超级市场卖场，应规劝他们将其放入存包处。

● 顾客经过时，说声"你好"，微笑或以目光示意，尽可能以此建立与顾客的联系。

● 顾客在卖场里边浏览边吃食品时，应婉言规劝，并请他们到收银台付款结算。

● 对手推车中放敞口手提袋或天气暖和却穿着厚大衣或夹克的顾客，要提高警惕。

● 发现可疑顾客，可微笑着走向顾客，进行理货、清洁、补货工作，或主动同他打招呼，引起注意，从而制止犯罪。

温馨提示

切记：遇到偷窃事件时，如何圆满地处理是非常重要的。特别是当店里有许多顾客时，千万不要轻易下"你偷东西"的结论，若没有处理好，造成冲突，门店的形象会受到损害。即便在处理偷窃事件时，也要冷静、自然，必要时可将偷窃者送到公安机关接受处理或向法院提起民事诉讼，合法保护店铺自身权益。

沉着应对意外事故

为预防店铺紧急事故发生及降低紧急事故发生后造成的损失,导购应具有处乱不惊、沉着冷静的心态,掌握一些基本的事故预防、处理方法,并做好以下工作:

● 熟悉店铺紧急通报系统,如火警电话"119"、报警电话"110"和急救电话"120"等,以便即时联系相关人员。

● 积极参与公司的紧急应变培训和定期演练,熟悉所扮演的角色,减少事故发生造成的损害。

● 各种意外事故发生时,均须立即通报值班经理及店长,并服从店长安排,积极参与事故的处理。

◇ 卖场突然停电怎么办

导购工作的地方大多是店铺或某个卖场,那么,假如店铺或是卖场突然停电了,导购该怎么办呢?

1. 维护现场秩序

首先,导购要保持冷静,迅速启动店铺备用的照明设备,维护好现场秩序,稳住顾客情绪。同时为停电给顾客带来的不便表示歉意,并密切注意场内情况,防止各种意外事件发生。

2. 通知领班和工程部

将停电具体情况,包括场内人数、顾客情绪以及已采取的应急措施等细节报告给领班;同时将停电情况报告给工程部,请其立即派人检修。

3．根据预计的停电时间采取相应的措施

如在短期内可恢复用电，应使顾客保持原位，在恢复照明之前维护好场内秩序，避免发生各种意外事件；如不能在短期内恢复用电，可引导顾客安全离开事故场所，期间注意避免顾客发生碰伤、摔伤或遗失物品等意外事件。

同时，再次因意外停电事件的发生向顾客表示歉意。

4．由领班处理顾客未付费用

员工将顾客未付账单交给领班，由领班负责未付账款的催收；领班将账单情况通知前台收银处，防止出现跑账现象；同时，收银机无法打出购物小票时，针对排队结款的顾客，可利用空白纸张填上购买金额，并盖发票章，请顾客下次来店时凭证兑换。

◇ 处乱不惊应对火灾事故

沉着冷静是重大事故发生时必须保持的态度。如果店铺不幸发生火灾，导购必须保持沉着冷静的态度，同时迅速、适当地处理，即根据店铺事先所作的各项安全作业安排，各就各位，执行自己的作业任务。

- 如遇一般火灾，可就近利用消防设备迅速扑灭火势。
- 如遇重大火灾，立即关闭所有电源及瓦斯开关，并拨打"119"电话报警。
- 若有人员或顾客在场，以疏散人员为优先(不要使用电梯、电扶梯)。
- 消防小组成员依平日的训练，抢救金钱、财物、重要资料等。
- 各成员的抢救工作，以本身安全为最优先考虑。
- 抢救的金钱、财物、重要资料等必须有专人负责看管，以防有人趁火打劫。
- 协助受伤顾客送医院处理。

- 清点人员并协助交通管制。

⇔ 妥善处理人身意外事故

人身意外事故包括受伤、当场晕倒、突发病等。如果是导购自己在工作中出了人身意外事故，那么应立即报告上级；如果无法工作，可以请其他同事代替。

在处理顾客人身意外事故时，导购千万不要私自行事，以免产生不必要的麻烦，而应依据以下方式处理：

- 立刻通知自己的管理人员或店铺、卖场中的相关人员进行必要的急救处理。
- 迅速拨打急救电话"120"，请派救护车，由有关人员送顾客到医院就医。
- 顾客如属于意外伤害、重大伤害时，导购要上报管理员，连同其他人员陪同顾客到医院就医，并将善后事宜报知上级由公司处理。

后 记

本丛书能够顺利出版,得到了各界人士的鼎力支持。

首先,本丛书在撰写的过程中,得到了我的好朋友北京师范大学国际特许经营学院刘文献院长、王学思副院长、侯吉健教授,北京大学出版社副社长张文定老师、经管部主任林君秀老师、责任编辑张静波老师,博雅光华公司的文钊老师、胡圣云老师等大力支持与指导,谨向他们表示最真挚的感谢!

同时还要感谢张果宁、王炳强、龚振波、陈忠伟、李姗姗、范利新、彭春芳、汤艾菲、黄继业、刘少芝、林丽梅、何丽秋、叶艺明、张雄、邓熙、李依军、叶伟驱、林月好、黄细娥、彭先博等好朋友的协助,以及给予这套丛书帮助的所有人。

本书作者在撰写过程中参考与引用了国内外相关资料,在此一并致以谢意。

由于时间仓促,加之我们能力所限,尽管我们付出了很大的努力,但不足之处在所难免,敬请广大读者批评指正。

笔 者

2005 年 9 月

十项全能训练丛书

▶ **销售人员十项全能训练**

　　肖建中　著

　　定价：35.00 元

　　书号：ISBN 7—301—09510—4/F·1178

　　内容简介：本书从专业的角度将销售人员的基本功、必备技能和卓越提升三大方面，系统地归纳为销售人员应当修炼的"十项全能"，对希望创造高绩效的销售人员和力图培育卓越销售团队的经理们而言，这是一本实用性极强的训练与操作手册，也是您实现自我提升与超越必不可少的案头枕边书。

▶ **服务人员十项全能训练**

　　肖建中　著

　　定价：32.00 元

　　书号：ISBN 7—301—09512—0/F·1180

　　内容简介：本书由实战经验丰富的专家肖建中先生撰写，归纳提炼出服务人员基本功、必备技能与卓越提升三大内容，包括从心态修炼到礼仪修养，从接待顾客的热情微笑、聆听、提问、赞美到顾客的异议和突发事件的处理等十项技能，既可以用于服务人员自我提升，又是服务人员培训、辅导不可多得的教练指南。

▶ **导购营业员十项全能训练**

　　肖建中　著

　　定价：36.00 元

　　书号：ISBN 7—301—09511—2/F·1179

　　内容简介：本书由终端实战经验丰富的专家肖建中先生撰写，归纳提炼出导购营业员基本功、必备技能与卓越提升三大内容，包括卖场陈列、商品推介、异议处理及交易促成等十项技能，既是导购营业员自学提升的实用宝典，也是企业及主管对其进行培训、辅导不可多得的教练指南。

▶ **管理人员十项全能训练** I

　　肖建中　著

　　定价：36.00 元

　　书号：ISBN 7—301—09710—7/F·1224

内容简介：本书由著名培训专家肖建中先生所著，主要针对企业主管、经理的实际工作需要，提炼出时间管理、有效沟通、绩效管理、高效会议、冲突管理、团队建设、员工激励、情绪管理、危机应变等十项技能。主要特色有：大量富于启发性的案例；可直接操作的实战技巧；完备的工作流程；生动的语言与活泼的版式。

▶ 管理人员十项全能训练 II

肖建中 著

定价：35.00 元

书号：ISBN 7-301-09717-4/F·1226

内容简介：本书由著名培训专家肖建中先生所著，主要针对企业主管、经理的实际工作需要，提炼出时间管理、有效沟通、绩效管理、高效会议、冲突管理、团队建设、员工激励、情绪管理、危机应变等十项技能。主要特色有：大量富于启发性的案例；可直接操作的实战技巧；完备的工作流程；生动的语言与活泼的版式。

▶ 管理人员十项全能训练 III

肖建中 著

定价：29.00 元

书号：ISBN 7-301-09718-2/F·1227

内容简介：本书由著名培训专家肖建中先生所著，主要针对企业主管、经理的实际工作需要，提炼出时间管理、有效沟通、绩效管理、高效会议、冲突管理、团队建设、员工激励、情绪管理、危机应变等十项技能。主要特色有：大量富于启发性的案例；可直接操作的实战技巧；完备的工作流程；生动的语言与活泼的版式。

▶ 代理加盟商十项全能训练

肖建中 著

定价：45.00 元

书号：ISBN 7-301-09711-5/F·1225

内容简介：本书由著名培训专家肖建中先生所著，是我国第一本针对代理加盟商的实用图书。本书从代理加盟商自我修炼的角度出发，提炼出十项技能：挑选行业与品牌、厂商合作关系、货品管理、终端维护、促销推广、打造团队、拓展招商、渠道管理、领导艺术等。文中配有大量富于启发性的案例，语言和版式生动活泼，可操作性极强。

团购超值服务启事

凡单位团体购买北京大学出版社出版、肖建中教授所著的《团购直销第1书》、《节假日促销》、《会员制营销》以及《管理人员十项全能训练Ⅰ》、《管理人员十项全能训练Ⅱ》、《管理人员十项全能训练Ⅲ》、《代理加盟商十项全能训练》、《销售人员十项全能训练》、《服务人员十项全能训练》、《导购营业员十项全能训练》、《王牌店长—经理十项全能训练》等图书,可获得北京大学出版社及肖建中教授提供的免费超值服务。

一次性团购共计500本,可获肖教授免费电话咨询一次一小时,价值人民币3 000元;团购共计1 000本,可邀请肖建中教授免费上门咨询一次半天,价值人民币10 000元;团购共计1 500本,可邀请肖建中教授免费上门做企业内训一次半天,价值人民币15 000元;团购共计2 000本,可邀请肖建中教授免费上门咨询一次一天,价值人民币20 000元;团购共计3 000本,可邀请肖建中教授免费上门培训一次一天,价值人民币30 000元。

北京大学出版社客户服务部曹永忠老师联系电话:

010-58874076　　E-mail:f1268@126.com

博雅鸿图读者俱乐部申请表

尊敬的读者：

您好！

为了增强出版社与读者之间的联系交流，满足读者阅读需求，北京大学出版社特联合北京华夏鸿图文化传媒有限公司创办博雅鸿图读者俱乐部。

只要完整填写以下表格，并将表格邮寄到指定地址，您就有机会在有限的名额中获得VIP会员资格，享受与作者直接交流、免费听讲座等超值服务。

您的基本信息				
姓名		性别		年龄
单位名称				职务
手机/电话				E-mail
通信地址				邮编

1. 您是通过什么途径购买《导购营业员十项全能训练》的？

   书店 □　　网络 □　　邮购 □

2. 除了您自己外，您还知道有多少人阅读《导购营业员十项全能训练》？

   _____ 人

3. 您通常会在哪些地方购书？

   新华书店 □　　综合性书城 □　　专业书店 □　　网上书店 □

   读书俱乐部 □　　其他 □

4. 对于同一类图书，请告诉我们您选择的依据（请排序：出版社、价格、作者、图书品牌）。_____

5. 一般情况下，哪些因素影响您购买图书？

   媒体推荐 □　　图书内容 □　　专家推荐 □　　印刷质量及版式设计 □

   作者 □　　出版社 □　　其他 _____

6. 您感兴趣且希望购买而在书店里不容易找到的图书是什么？ _____

7. 您希望获得的会员服务是什么？

   讲座活动 □　　组织会员交流 □　　赠送小礼品 □　　享受折扣优惠 □

   定期寄送新书书目 □　　邮购服务 □

地　　址：北京市海淀区成府路205号北京大学出版社经济与管理图书事业部

联系人：张静波　　　　电　　话：010-62757146

邮　　编：100871　　　E-mail：fl268@126.com